고려왕조실록 2

의종~공양왕 편

차례
Contents

의종(毅宗)

놀이와 환락에 빠진 국왕, 무인에게 제거되다

측근세력을 키워야 했던 국왕

고려 18대 국왕인 의종은 이름이 철(徹), 나중에 현(晛)으로 고쳤다. 자는 일승(日升)이다. 1127년(인종 5)에 태어나 1173(명종 3)에 사망했다. 인종과 공예태후(恭睿太后) 사이의 맏아들이다. 비(妃)는 강릉공(江陵公) 온(溫)의 딸 장경왕후(莊敬王后)이며, 최단(崔端)의 딸을 다시 맞이하여 장선왕후(莊宣王后)로 삼았다. 후궁으로 궁인 무비(無比)가 있다. 자녀는 장경왕후 사이에 효령태자(孝靈太子) 왕기(王祈)와 경덕궁주(敬德宮主), 안정궁주(安貞宮主)가 있다. 왕권을 강화하려고 애썼으나 끝내 무인정변으로 왕위에서 폐위되고, 마지막에는 이의 민(李義旼)에게 경주에서 처참하게 살해당했다.

동생에게 밀려날 뻔했던 왕위

왕철은 1143년(인종 21)에 태자가 되었다. 그는 "성품이 놀이와 잔치를 좋아했고, 여러 소인과 친하게 어울렸다"라고 한다. 그래서인지 어머니인 공예태후는 둘째 아들인 대령후(大寧侯)을 태자로 대신 세우려고 했던 일이 있으며, 이 때문에 의종이 어머니를 원망했다.

결국 대령후 경은 1157년(의종 11)에 반란을 모의했다는 죄목으로 천안부(天安府)로 유배되었다. 이처럼 의종은 도량이 좁고 질투가 심했으며, 어린 시절에 태자에서 폐위될 뻔한 경험 때문인지 자격지심에 빠져 있었다.

의종은 즉위한 초반에는 김부식과 임원애(任元敱), 태자 시절부터 스승이었던 정습명(鄭襲明) 등을 중심으로 인종대의 정치질서를 이어가려고 노력했다. 하지만 이미 인종대부터 왕권이 실추된 상태였으므로 국왕의 권위를 바로 세우기에는 어려움이 있었다.

의종은 측근을 육성하여 이들을 통해 정국을 운영하는 방식으로 국정을 장악했다. 의종의 대표적인 측근은 김존중(金

存中)과 정함(鄭諴)이었다. 김존중은 의종의 태자 시절에 춘방시학(春坊侍學)과 첨사부녹사(詹事府錄事)를 지내면서 의종의 총애를 받았고, 정함은 의종이 어릴 때부터 돌봐준 환관이었다. 의종은 이들을 중심으로 과거출신인 내시와 환관 세력을 확대, 강화했다. 이들은 대간을 비롯한 관료들과 대립을 하다가 김부식, 정습명이 사망하면서 본격적으로 세력을 떨치게 되었다.

내시, 환관의 측근들 외에 소장 관료들도 의종 측에 모여들었다. 이에 대신들도 의종의 측근들과 타협하는 모습을 보인다. 그러면서 의종의 총애를 얻기 위해 문벌귀족 출신의 관료들과 가문이 미약한 신진 관료들 사이의 경쟁이 벌어지기도 했다. 특히 내시의 좌우번(左右番)이 다투어 가면서 의종에게 진기한 물품을 바치기도 했다.

다른 한편으로 의종은 격구 등의 무예를 즐겼고, 보현원 등 개경 주위의 사찰 등으로 행차를 늘려가며 놀러 다니는 것을 좋아했다. 자연스레 국왕의 호위를 담당한 무인들에 대한 관심도 남달랐다. 국왕의 시위 조직인 내순검군(內巡檢軍)을 새로 창설하여 자신의 호위를 강화한 것도 그러한 이유였다. 이에 따라 국왕 가까이에서 실제 호위 임무를 담당하던 하급 무인들도 국왕 측근의 한 부류를 형성했다. 또 도참(圖讖)과 미신적인 부분에 대해서도 관심이 많아서 점술 등을 맡았던 이들도 여럿 있었다.

의종은 실추된 왕실의 권위를 회복하고, 또 왕조를 중흥시키고자 노력했다. 태조와 세조의 능을 참배하거나, 절이나 별궁을 지으며 그 이름을 '중흥(重興)'이라 붙이기도 했다. 그러나 이러한 노력들이 음양설, 도참설 등 신앙적인 부분에 그치고 정작 실질적인 정치력으로 행사되지 않은 점에서 한계가 있었다.

의종은 다양한 신분의 측근들을 중심으로 자주 놀러 다녔고, 기도를 위한 각종 기복행사가 끊이지 않았다. 이를 대간들이 여러 차례 간쟁하며 그만둘 것을 요청했지만 의종은 듣지 않았다. 그 결과 향락이 심해지면서 정치 기강은 문란해졌다. 여기에 더해서 측근세력 사이에서도, 측근 문신과 무인들 사이에서도 갈등이 생기면서 측근세력의 분열도 심화되어 갔다. 특히 젊은 측근 중의 한 명인 한뢰(韓賴)가 대장군 이소응(李紹膺)의 뺨을 때린 사건은 의종 측근의 방종을 단적으로 보여준다.

무인정변과 슬픈 죽음

1170년(의종 24)에는 서경으로 행차하여 신령(新令)을 반포하면서 개혁의 의지를 표명하기도 했으나, 불교·음양설·선풍

(仙風) 등 신앙행사를 중시했을 뿐 정치질서의 확립이나 회복에 대한 의지는 부족했다. 또 국왕의 유흥이나 음양도참설 등에 따른 이궁, 별궁 및 놀이 시설의 건설 등으로 토목 공사가 많아서 백성들이 공사에 동원되는 고통을 겪어야 했다. 또 연이어 개최되는 재초(齋醮) 등 도교식 신앙행사 등으로 그 비용도 많이 들었다.

결국 1170년(의종 24) 장단의 보현원(普賢院)에 행차했다가 개경으로 돌아오는 길에 정중부(鄭仲夫), 이의방(李義方), 이고(李高) 등의 측근 무인들이 일으켜 의종을 폐위시키는 사건이 일어났다. 바로 '무인정변'이다. 의종은 거제현(巨濟縣)으로 유배되었고, 의종을 대신하여 아우인 익양공(翼陽公) 호(晧)가 옹립되었다. 그가 명종(明宗)이다.

거제로 유배를 가 있던 의종은 1173년(명종 3)에 김보당(金甫當)의 난에 연루되었다. 김보당이 의종의 복위와 무인정권의 진압을 목표로 거병한 때문이었다. 그는 사람을 거제로 보내 의종을 모시고 나와 일단 계림(鷄林, 慶州)에서 기다리게 했다. 그러나 김보당의 난은 실패했고, 이의민에 의해서 허리가 꺾이는 비참한 죽임을 당하고 곤원사(坤元寺) 북쪽 연못에 던져졌다.

이렇듯 의종은 25년이란 재위 기간 동안에 향락과 사치에만 몰두하다가 끝내 비참한 최후를 맞았다. 결과적으로 의종은 무인정변의 발발자로서 고려의 왕실 권위와 국정 혼란을 초래했다. 동시에 무인 집권기와 몽골의 침입 등 고려의 혼란을 가져온 '암군(暗君)'이라는 평가를 받는다.

명종(明宗)

고려왕조에 태풍이 몰아치다, 무인의 시대

권력투쟁의 그늘 속에서 살아야 했던 국왕

고려 19대 국왕인 명종은 이름이 흔(昕), 나중에 호(晧)로 바꾸었다. 자는 지단(之旦)이다. 1131년(인종 9)에 태어나 1202년(신종 5)에 사망했다. 인종과 공예태후 사이에서 태어났다. 형제로는 형인 의종과 대령후, 동생 평량공 왕민(신종)이 있다. 비는 강릉공(江陵公) 왕온(王溫)의 딸 의정왕후(義靜王后)이다. 이 둘 사이에서 강종과 연희궁주(延禧宮主), 수안궁주(壽安宮主)를 낳았다. 이외에 모친 미상의 왕선사(王善思) 등 7명의 아들이 있다.

잠저(潛邸)에 있을 때 전첨(典籤) 최여해(崔汝諧)란 사람이 꿈속에 태조가 명종에게 홀(笏)을 주었는데 이를 받아서 용상(龍床)에 앉자, 백관(百官)이 함께 하례를 드리는 장면을 명종에게 알렸는데, "다시는 이 말을 하지 마라. 이는 중대한 일이니 국왕(의종)이 이 말을 들으면 반드시 나를 해칠 것이다"라고 한 일화는 의종에 대한 두려움을 느끼고 살아야 했던 명종의 심정을 보여준다.

형을 대신해 왕위에 오르다

명종은 의종의 친동생으로, 1148년(의종 2)에 익양후(翼陽侯)로 봉해졌다. 1170년(의종 24)에 무인정변이 일어나면서 그의 인생도 크게 변했다. 의종이 폐위되고 국왕으로 즉위했기 때문이다.

명종은 즉위 후 정중부를 참지정사(參知政事)로, 이고를 대장군(大將軍)·위위경(衛尉卿)으로, 이의방을 대장군·전중감(殿中監)으로 임명했다. 이러한 승진은 일반적인 상황이라면 불가능한 일이었다. 실권은 정변을 일으킨 무인들이 가지고 있기에 가능했던 일이었다. 무인들이 만족하고 나서야 대관전(大觀殿)에 나아가 신료들의 경하를 받을 수 있었다.

명종은 자기 뜻과 관계없이 왕위에 올랐듯이, 정치도 자신의 의지대로 할 수는 없었다. 상과 벌을 주는 일반적인 통치행위에도 항상 집권 무인의 눈치를 살펴야만 했다. 명종 스스로도 "상벌은 본래 국왕의 권한인데, 근래 조정의 힘 있는 신하가 권위나 위력으로 굴복시키는 것을 사사롭게 하여 항상 지켜야 할 도리와 질서를 어지럽히고 있다"라고 탄식할 정도였다. 실제로 정중부의 가노(家奴)가 법을 어겼지만, 가노 대신에 관리에게 파면과 좌천의 벌을 내리기도 했다. 그만큼 국왕의 권한 없는 권력, 무기력한 시기의 국왕일 뿐이었다.

권력투쟁과 살육의 시대를 살다

명종이 즉위할 당시는 이고와 이의방 간에 주도권을 쥐기 위한 갈등과 대립이 심했다. 1171년(명종 1) 정월에 이고의 반역 음모가 발각되면서 표면화되었다. 이고는 무뢰배들과 법운사(法雲寺) 승려 수혜(修惠), 그리고 개국사(開國寺)의 승려 현소(玄素) 등과 결탁하여 태자의 관례식 날에 거사를 일으키려고 했다. 하지만 그 내용이 이의방에게 들어갔고 결국 실패했다.

이러한 권력다툼에서 명종은 지켜보아야만 했다. 당시 국왕의 위상은 궁궐에 불이 난 사례에서도 알 수 있다. 승려들과 병사들이 불을 끄려고 했는데, 정중부와 이의방 등이 변란이 있을까 두려워하여 궁궐 문을 닫고 들어오지 못하게 하자 궁궐이 모두 불타 버린 것이다. 이 모습을 본 명종은 산호정(山呼亭)에 나와서 통곡을 하는 것 외에는 더 이상 할 것이 없었다.

이러한 처지는 1173년(명종 3)에 공주를 궁주(宮主)로 봉하는 날에 술에 취한 이의방의 태도에서도 엿볼 수 있다. 이의방 등이 기녀를 데리고 여러 장수와 마음껏 술을 마시며 북치고 노래하는 소리가 국왕의 처소인 내전까지 들렸는데, 거리낌이 없었다. 명종을 조금도 두려워하거나 무서워하지 않았던 것이다.

그러나 이의방의 권세도 얼마 가지 않았다. 이의방이 그의 딸을 태자비로 들인 뒤 얼마 되지 않아 정중부의 아들 정균(鄭筠)에 의해 죽임을 당했다. 이렇게 권력을 독점한 정중부 역시 무인정변 이전으로 돌아가겠다는 '복고(復古)'의 뜻을 품은 경대승(慶大升)에 의해 무너졌다. 경대승이 30살의 젊은 나이로 사망한 후에는 이의민이 정권을 장악했다. 이의민은 최충헌(崔忠獻)과 그의 동생 최충수(崔忠粹)에 의해서 제거되었다. 명종은 28년의 재위 기간 동안 여러 차례 무인 집정자들이 바뀌는 것을 지켜봐야만 했다.

1173년 맏아들 왕숙을 왕태자로 책봉했다. 그해에 재앙에 가까운 가뭄이 있었다. 곡식이 없으니 인육(人肉)을 팔고 전염병으로 떼죽음을 당하는 등 나라가 엉망이었다고 한다. 이러한 혼란을 틈타 동북면병마사 한언국(韓彦國)과 김보당이 선왕이던 의종을 거제도에서 경주로 데려와 난을 일으켰다. 이른바 '김보당의 난'이다. 하지만 곧 실패하고 의종은 이의민에 의해 허리가 반으로 접혀 끔찍하게 시해당했다.

그런데도 명종은 1173년 10월 모든 관리를 무인으로 채우라는 명령을 내리는가 하면, 같은 달에 고려 개국을 예지했던 옥룡사 선각국사(先覺國師) 도선(道詵)의 비석을 세웠다. 1174년 전국에서 항쟁이 들끓기 시작했고, 서경을 중심으로 한 '조위총(趙位寵)의 난'이 일어났다. 명종은 조칙을 내려 조위총을 타일렀지만, 조위총은 끝까지 저항하다가 결국 죽음을 맞았다. 그해 12월에 무인정권의 초대 집권자였던 이의방이 살해되고, 일족이 주멸되면서 정중부 체제로 옮겨갔다.

1176년 국가의 기강이 크게 무너졌음을 보여주는 소요가 일어났다. 한 장수가 길거리에서 기두(旗頭) 한 명이 대충 읍(揖)만 하고 지나가려고 하자, 이에 장수는 분노해 그를 감옥에 가두었다. 그러자 그의 일당이 멋대로 풀어주고 장수를 위협하니, 장수는 도망치고 그의 집을 때려 부수기까지 했다.

또 남쪽의 반란군이 기세가 커져 남적(南賊)의 우두머리가 '병마사(兵馬使)'를 자칭했다. 명종은 결국 또 군대를 보내 정벌을 지시했다. 1177년에 공주 명학소에서 일어난 망이·망소이의 난을 제대로 진압하지 못하자 군사를 파견했다. 또한 조위총의 잔당이 들끓어 북방이 어지러웠다. 금나라가 정례적으로 사신을 보내올 때 고려는 조위총의 잔당이 그들을 공격할까 두려워 80명의 부대를 보내 배로 호송하기까지 했다. 하지만 공격을 받아 대부분 호송 부대원이 죽고, 지휘관까지 다쳤다. 이러한 상황에서 명종은 답답했는지 경령전(景靈殿)과 태묘를 자주 참배한 기록이 보인다. 1177년 7월 명종은 직접 자신을 탓하는 글을 써서 태조에게 바쳤다고 한다.

믿을 건 가까운 사람들뿐이다

명종은 자신과 가까운 사람들과 관련된 일에는 더욱 극진했다. 1183년(명종 13)에 어머니 공예대후 임씨(任氏)가 아들 원경국사(元敬國師) 충희(沖曦)의 죽음으로 병석에 눕자, 명종은 손수 약을 달이고 간호하느라 여러 날 동안 옷을 벗지 않았다. 태후의 병이 더욱 위중해지자 너무 울어서 눈이 붇어터질 정도였다. 태후가 죽은 다음에는 아침저녁으로 빈소에 가서 슬퍼했다. 이를 보다 못한 재상들이 애통한 마음을 억제해 줄 것을 요청했으나 명종은 듣지 않았다.

1184년(명종 14)에는 명종이 총애하는 궁녀가 사망하자, 서럽게 울면서 내전에 나와 정무를 보지 않기도 했다. 이러한 모습은 비인 광정태후(光靖太后)가 일찍 사망했으나, 다시 왕후를 세우지 않았던 사실에서도 엿볼 수 있다. 부인에 대한 사랑이 지극했던 것으로 보인다. 하지만 왕위에 오른 후에 폐희(嬖姬)에게서 난 서자들이 권세를 부리고 뇌물을 받아들여 왕의 권위를 업신여기며 희롱하니 조야가 실망했다고도 한다.

명종은 국왕으로서 너무 연약하고 원칙이 없는 성격을 지닌 인물이었다. 하지만 무인들에 둘러싸여 있어 아무도 도와줄 수 없는 상황에서 그나마 그들이 가장 믿을 수 있는 존재들이었기 때문에 용인한 것이었다.

명종은 집정 무인들의 눈치를 보며 자신의 의도대로 할 수 없었던 탓인지 아니면, 그의 원래 성격이 우유부단해서 그런지 고집을 피우거나 남에게 똑 부러지게 말하지 못했다. 그의 성격을 알려주는 일화가 있다. 1183년(명종 13) 명종은 금나라에 사행을 가는 사람들이 무역에서 사사로운 이득을 얻기 위해 많은 물건을 가지고 가 폐단이 크니, 물품은 한도를 정하고 이를 위반하는 자는 관직을 삭탈해야 한다는 결정을 내린 바 있었다. 그런데 얼마 되지 않아 장군 이문중(李文中)과 한정수(韓正修)가 금나라로 사행을 가면서 이익을 내지 못할까 두려워해서 원래대로 돌리자고 하니, 또 그렇게 하라고 했다는 것이다. 때문에 성격이 유순하고 용단성이 적으며, 아침에 명령을 내렸다가 저녁에 고치는 경우가 많았다고 했다. 의도치 않은 즉위로 인해 국왕 노릇을 제대로 할 수 없던 명종이었지만 무인 집정자들의 변동에 따라 지위의 변화가 있기도 했다. 경대승이 죽고 경주에 피해 있던 이의민을 궁으로 불러들이면서, 명종은 인사권에 대한 영향력을 강화했다. 1184년(명종 14) 12월의 기록을 보면, 명종이 인재를 등용함에 있어서 총애하는 가까운 환관들과 의논하여 참관(參官) 이상의 임명서에 왕이 직접 서명한 다음 그것을 밀봉하여 인사권을 담당하는 정조(政曹)에 보냈다. 이에 정조에서는 원안대로 발표할 뿐, 이에 대해 말이나 글로 이상 여부를 여쭤보는 품의를 하지 않았다. 그리하여 임금 측근의 환관들에 의해 부정이 많이 진행되었다고 한다.

이는 임금의 권위가 그만큼 상승했기에 가능한 것이었다. 물론 즉위 초반에 비해서 그러할 뿐, 무인집권자를 능가한 것은 아니었다. 이즈음 국왕의 권위가 즉위 초보다 나아졌음을 보여주는 사례는 1184년(명종 14)의 연말 인사와 관련된 일화에서 알 수 있다. 이 인사에서 명종은 정윤당(鄭允當)을 이부 원외랑으로 삼았는데, 실제 그는 나이가 젊고 아는 것이 없었으나 그의 아버지 정세유(鄭世裕)가 병마사로 나가 백성의 재물을 거두어 바치며 전조(銓曹)에 임명해달라고 해서 명종이 그 부탁을 들어주었다. 이거정(李居正)도 별다른 재능이 없고 꼿꼿한 사람이 아니라는 말을 듣고도 간관의 자리인 정언(正言)에 임명했다. 이로 인해 서로 다투어 뇌물을 주는 것이 공공연하게 행해졌으며, 국왕 측근들의 권력 남용이 의종 때보다도 심하다는 불평이 터져 나올 정도가 되었다. 명종 입장에서는 그것이 올바른 방법이 아니더라도 이렇게라도 해서 자신의 세력을 형성하고 싶었을 것이다.

정통성마저 부정된 왕위

이렇게 원칙이 없는 명종의 국정운영은 무인정권의 실권자인 최충헌에 의해서 폐위의 명분이 되었다. 1197년(명종 27) 9월에 최충헌의 동생 최충수는 '명종이 28년이나 왕위에 있었는데, 늙고 정사를 게을리하여 여러 소군(小君)이 은혜와 위력을 마음대로 부려 국정을 문란하게 했으며, 왕이 또 많은 소인을 유달리 귀엽게 여기고 사랑하여 황금과 비단을 많이 내려주어 부고가 텅 비었으니 왕을 어찌 폐하지 않겠는가'라고 하며 폐위를 결정했다.

최충헌 형제는 왕을 협박하여 홀로 향성문(向成門)을 나서게 한 다음 창락궁(昌樂宮)에 연금하고 태자 숙(璹)은 강화도로 추방했다. 그리고 명종의 동생 평량공(平涼公) 민(旼, 신종)을 왕위에 앉혔다.

1202년(신종 5) 9월에 연금상태였던 명종은 이질에 걸렸다. 이에 신종이 의원을 보내 약을 올리려고 하자, 명종은 자신이

28년간이나 왕위에 있었고, 나이가 72살인데 어찌 더 살기를
바라겠는가 하며 치료를 거부했다. 그로부터 두 달 뒤인 같은
해 11월에 창락궁에서 사망했다. 신종은 왕의 예우로써 장례
를 치르고자 했으나, 최충헌이 불가하다고 하여 예를 낮추어
서 경순왕후(景順王后)의 의식에 기준하여 장사를 지냈다. 죽
어서도 왕의 대접을 제대로 받지 못했던 것이다. 이때 태자
는 강화도에 유배되어 있어서 장례에 참석하지 못했는데, 나
라 백성들이 이를 슬퍼했다고 한다. 왕숙은 부왕 명종이 죽고
11년 뒤인 1212년에야 아버지의 능묘를 참배할 수 있었다.

　명종은 죽어서도 능욕을 당했다. 마치 중방의 무인들이 자
신들이 죽인 의종을 싫어했던 것처럼 최충헌도 자신이 내쫓
은 명종의 정동성을 부정하기 위해 국왕의 장례가 아닌 왕후
의 예로 장사지내도록 했다. 또 명종의 상중에 금나라 사신들
이 왔는데, 신종이 공예태후의 전례에 따라 연회를 개최하지
않고, 풍악을 연주하지 않으려 했다. 그러나 금나라 사신들의
반발과 최충헌의 암묵적인 압박 때문에 기일에 맞지 않게 큰
연회를 열게 되었다. 명종은 죽어서도 국왕의 지위를 누리지
못했다.

신종(神宗)

노년에 잠시 스쳐 간 이름뿐인 왕위

유유자적하던 왕족, 떠밀려 왕위에 오르다

고려 20대 국왕인 신종은 이름이 민(旼)이고, 나중에 탁(晫)으로 바꾸었다. 자는 지화(至華)이다. 1144년(인종 22)에 태어나 1204년(신종 7)에 사망했다. 인종과 공예태후 사이에서 다섯째 아들로 태어났다. 친형인 명종이 최충헌에 의해 왕위에서 폐위되고, 뒤를 이어 왕위에 오를 당시 그의 나이는 54살이었다. 등창이 심해져서 아들인 희종(熙宗)에게 자리를 물려주고 사망했을 때에는 61살이었다. 그는 평생 왕족으로서 무난한 삶을 누리다가 노년에 잠시 왕위를 스쳐 지나간 국왕이었다.

평온한 시대였다면 그에게까지 왕위가 돌아갈 것이라고는 기대할 수 없었지만, 1170년(의종 24) 무인정변이 발생하면서 상황이 급변했다. 그의 큰형 의종이 왕위에서 쫓겨나고, 셋째 형 명종이 즉위했다. 역시 무인의 손에 이끌려 왕위에 오른 명종은 30년 가까이 재위하면서도 무신들과 이렇다 할 충돌을 일으키지 않으며 자리를 지키고 있었다. 그러나 이의민을 몰아내고 새로 집권한 최충헌은 특별한 이유 없이 명종을 폐위시키고 새로운 왕을 세울 것을 논의했다. 이때 평량공(平凉公) 왕민(王旼)이 선택을 받았다. 그의 나이 54살이었다.

왕위에 오른 신종은 1197년 10월에 휘를 '민'에서 '탁'으로 개명했다. '민'이 금나라 태조 아골타(阿骨打)의 한자식 이름이었기 때문이다. 신종은 왕위에 오르기 전에 꿈을 꿨는데 누군가가 자신의 이름을 '천탁(千晫)'으로 바꿔주는 것이었다. 꿈을 꾼 이후에 얼마 뒤 즉위했는데 개명을 위한 회의를 할 때 한 신하가 '탁' 자를 추천하자 내심 신기해하면서 이를 따랐다고 한다.

이름뿐인 허수아비 국왕

신종이 왕위에 오른 것은 전적으로 최충헌의 덕분이었다.

그는 죽음을 앞두고 왕위를 자신의 아들에게 물려주고자 최충헌에게 "과인이 잠저에 있다가 왕위에 오른 것은 공의 힘입니다"라고 신종 스스로 인정했다.

신종이 허수아비에 지나지 않았음은 자신이 마실 물조차도 마음대로 할 수 없었던 데서도 엿보인다. 이전까지 국왕들은 왕실의 전용 식수원인 다래정(怛艾井)이라는 곳의 물을 마셨다고 한다. 그러나 최충헌은 왕이 그 물을 마시면 환관들이 권력을 잡는다는 민간의 속설을 듣고, 우물을 허물어 버리게 했다.

관원을 임명하는 것은 국왕 고유의 권한이지만, 신종은 이마저도 제대로 행사해보지 못했다. 최충헌은 문신의 인사를 담당하는 이부(吏部)와 무신의 인사를 담당하는 병부(兵部)를 겸무하면서 인사권을 장악하고 있었다. 그리고 자신의 집에 정방(政房)이라는 기구를 설치해두고 문무관의 인사 내용을 멋대로 결정한 뒤 국왕에게 알리면, 국왕은 다만 머리를 끄덕여 이를 승낙할 뿐이었다.

이런 형편은 당시의 한 사관이 신종의 시대를 평하며, "옛날부터 임금이 약하고 신하가 강한 것이 이때보다 심한 적이 없었다. 아아 분통하도다"라고 개탄했다. 또 『고려사』에서는 그의 재위 기간을 총평하여, "신종은 최충헌이 세운 임금이었다. 사람을 살리고 죽이는 것, 관직을 두고 없애는 것이 모두 그 손에서 나왔다. 왕은 다만 이름뿐인 자리를 차지하고서 신민들 위에 있었으니 허수아비와 같았다. 슬프도다"라고 했다.

안팎에서 들고일어나는 민초들

신종이 왕위에 있던 7년 동안은 중앙과 군현에서 항쟁이 연달아 일어난 시기였다. 그중에서도 대표적인 사건이 1198년(신종 원년)에 일어났던, 이른바 '만적(萬積)의 난'이다. 개경의 사동(私僮)이었던 만적이 개경의 노비들을 모아 각기 주인을 살해하고 난을 일으키려다 실패로 돌아갔다. 이때 만적이 개경 북산(北山)에서 노비들에게 했던 말이 뒤에 널리 회자되었다. "나라에서 경인년(1170)과 계사년(1173) 이래로 높은 관직도 천예(賤隸)에서 많이 나왔는데, 장군과 재상이 어찌 씨가 따로 있겠는가? 때가 오면 될 수 있는 것이다. 우리도 어찌 뼈 빠지게 일만 하면서 채찍 아래에서 고통만 당하겠는가!"라고 했다.

그밖에도 개경에서는 나무를 하러 갔던 가노들이 교외에서 전투 연습을 하다가 발각되어 처형되는 일도 있었다. 전국 여러 지역에서도 민초들의 봉기가 연이어 터져 나왔다. 1199년(신종 2)에 경주(慶州)를 시작으로, 이듬해에는 밀양(密陽), 진주(晋州), 김해(金海) 등 경상도 각지에서 항쟁이 일어났다. 이들은 앞서 명주(溟州), 즉 지금의 강릉에서 일어난 세력과 연계하여 동해안 일대를 휩쓸기도 했고, 점차 경주를 중심으로 연결되어 신라를 재건하려는 시도로 이어질 기미를 보였다.

이렇게 항쟁이 끊이지 않았던 것은 무엇보다도 민초들의 불만이 누적되어 있었기 때문일 것이다. 그러나 거기에 불을 지핀 것은, 만적의 말에서도 드러나듯이, 신하들이 국왕을 갈아치울 정도로 위세를 떨쳤던 무인들의 하극상의 풍조 때문이었다.

잠시동안 왕위에 머문 그의 후손들

잠시 왕위에 머물다 물러난 신종의 운명은 그의 후손들에게도 이어졌다. 다만 그는 자신에게 주어진 운명에 순응했던 데 비해, 그의 아들은 조금 달랐다. 신종의 뒤를 이어 1204년(희종 즉위) 왕위에 오른 희종은 24살의 청년이었다. 아버지와 마찬가지로 7년째 왕위를 지키고 있던 그는, 한 차례 과감한 시도로 최충헌을 제거하고자 했으나 실패하고 말았다. 이 사건으로 희종은 최충헌에 의해 왕위에서 쫓겨났으며, 태자 왕지(王祉)를 비롯한 다른 왕자들도 모두 추방당했다. 이로써 신종의 자손은 고려의 왕통에서 멀어졌고, 이후의 왕통은 신종의 친형인 명종의 후손들로 이어지게 되었다.

신종이 역사에서 다시 주목을 받게 된 것은 뜻밖의 사건 때문이었다. 1388년(우왕 14), 위화도회군으로 권력을 장악한 이성계 일파가 우왕과 창왕이 신돈의 아들이라며 차례로 왕위에서 밀어내었다. 종친 가운데서 새로 왕위에 오를 인물을 고르던 그들의 눈에 띈 것이 바로 신종의 7대손인 정창부원군(定昌府院君) 왕요(王瑤)였다. 그가 바로 공양왕이다.

희종(熙宗)
최고 집정자 최충헌의 암살을 시도한 국왕

최충헌의 지지로 국왕이 되다

고려 21대 국왕인 희종은 이름이 덕(惠), 나중에 영(韺)으로 바꾸었다. 자는 불피(不陂)이다. 1181년(명종 11) 5월에 태어나 1237년(고종 24)에 사망했다. 신종과 정선태후(靖宣太后) 김씨 사이에서 맏아들로 태어났다. 1200년(신종 3)에 태자로 책봉되었다가 1204년에 왕위에 올랐다. 비는 영인후(寧仁侯) 왕진(王稹)의 딸 성평왕후(成平王后)이다. 딸 다섯을 두었는데, 안혜태후(安惠太后)·영창공주(永昌公主)·덕창궁주(德昌宮主)·가순궁주(嘉順宮主)·정희궁주(貞禧宮主)가 있다.

1204년(신종 7) 정월 신종은 병이 깊어지자 태자인 희종에게 양위할 것을 최충헌에게 요청했고, 최충헌은 이를 측근들과 의논한 뒤 진행시켰다. 희종은 태자였지만, 최충헌의 권력이 워낙 막강하여 태자의 왕위 계승조차도 최충헌의 허락을 받아야 했다.

희종은 즉위 직후, 자신을 승인한 최충헌의 관작을 높여주었다. 당시 최충헌에게 내린 관작은 '벽상삼한삼중대광 개부의동삼사 수태사 문하시랑 동중서문하평장사 판병부어사대사'였다. 그리고 최충헌을 '은혜를 입은 재상[恩門相國]'이라 호칭했다. 자신을 왕위에 올려준 인물이라는 의미를 담고 있다.

희종은 다시 1206년(희종 2)에 최충헌을 진강후(晉康侯)로 임명하고 부를 세워 흥녕부(興寧府)라고 하며 관원을 두고, 흥덕궁(興德宮)을 여기에 소속시켰다. 이후 최충헌은 평상복을 입고 궁궐에 드나들며 햇빛 가리는 일산을 쓰고 다녔다. 또한 그에게 소속된 문객(門客)이 거의 3천여 명이나 되었다고 한다. 그 위세가 얼마나 컸는지를 짐작할 수 있다.

희종은 여기에 그치지 않고 1207년(희종 3)에는 다시 최충헌을 중서령(中書令)·진강공(晉康公)으로 삼고자 했다. 하지만 최충헌이 '공(公)'이란 것은 5등급의 작 가운데 가장 높은 자리이고, 중서령은 관직 중에 제일 높은 자리라 하여 사양하자 결국 임명되지는 못했다.

이를 통해 당시 희종이 신하인 최충헌에게 해줄 수 있는 모든 것을 해주고자 했다는 사실을 알 수 있다. 최충헌이 그 자리를 사양한 것은 겸양의 미덕으로 보일 수도 있지만, 실제로 최고의 권력을 가졌기 때문에 굳이 더 이상 오를 필요가 없었다.

1208년(희종 4) 희종은 이판(梨坂)에 위치한 최충헌의 아들 최우(崔瑀)의 집으로 거처를 옮겨가기도 했다. 이것은 그만큼 희종이 최충헌에게 크게 의지하고 있었음을 보여주는 일례이다.

실패한 최고 권력자 최충헌 암살 계획

희종이 왕위에 오른 시기는 최충헌의 정치적 기반이 다져진 때이므로 국왕으로서 희종이 할 수 있는 일은 별로 없었다. 그런데 희종의 재위 7년째인 1211년(희종 7), 궁궐에서 최충헌을 암살하려는 시도가 일어났다. 희종이 최충헌을 죽이려는 거사에 직접 개입했는지는 불분명하지만, 그가 최충헌을 제거하고 왕권을 회복하고자 하는 뜻을 품고 있었을 것으로 짐작된다. 1210년(희종 6) 4월에 최충헌이 활동리(闊洞里)에 지은 그의 저택은 웅장하고 화려하여 그 규모가 궁궐에 버금갈 정도였으며, 때문에 나라 안에 불평이 많았다. 또한 최충헌의 권세가 국왕을 능가하고 그 세력이 개경과 군현에까지 펴져 있어서 사람들이 그 뜻을 거스르기만 해도 죽임을 당했다고 한다.

그런 까닭에 희종도 최충헌의 제거를 구상했을 것이다. 희종이 최충헌을 죽이려고 했던 이유로는 1210년(희종 6)에 최충헌이 예전에 폐위된 명종의 태자인 왕숙(王璹, 강종)을 강화도에서 개경으로 불러들인 일을 들 수 있다. 왕숙의 존재는 희종에게 왕위 유지를 불안하게 하는 요소이자 위협으로 다가올 수밖에 없었다. 희종은 최충헌이 언제든지 자신을 내칠 수 있다고 받아들였을 수도 있는 상황이었다.

1211년(희종 7) 12월 최충헌은 인사 문제로 희종을 알현하기 위해 수창궁(壽昌宮)을 찾았다. 최충헌이 희종의 앞에 앉아 있을 때, 환관이 최충헌을 따라온 사람들을 밖으로 데리고 나가자 갑자기 승려를 포함한 10여 명이 무기를 들고 뛰쳐나와 최충헌의 시종들을 공격했다. 최충헌은 자신의 위험을 직감하고 희종에게 구원을 청했다. 그러나 희종은 못 들은 척하고 문을 닫아 버렸다. 마음이 다급해진 최충헌은 왕의 비서 일을 담당하는 정3품 지주사(知奏事)의 방 은밀한 곳으로 급히 몸을 숨겼다. 한 승려가 세 차례나 찾았으나 최충헌을 잡지 못했다. 그 사이 최충헌의 측근인 상장군 김약진(金若珍)과 최우 등이 들어와 최충헌을 피신시키고, 신선주(申宣胄)와 기윤위

(奇允偉) 등이 최충헌을 죽이려던 자들과 격투를 벌였다. 이어 최충헌의 사병집단인 도방이 궁궐 안으로 돌격하여 그를 구해냈다.

당시 사건의 주모자로 지목된 이는 내시(內侍) 왕준명(王濬明)이었다. 그리고 참정(參政) 우승경(于承慶), 추밀(樞密) 사홍적(史弘績), 장군 왕익(王翊) 등도 참여했다. 내시는 왕의 비서 일을 하는 직책이었으므로, 내시 왕준명이 사건을 주도했다는 사실은 희종과의 은밀한 교감이 있었기에 가능한 일이었다.

사돈 최충헌에 의하여 폐위된 국왕

국왕 측근의 최충헌 암살 미수 사건은 곧 희종의 거취에도 영향을 끼쳤다. 최충헌은 희종을 폐하여 강화도로 옮겼다가 자연도(紫鷰島)로 다시 옮겼다. 아들인 태자 왕지(王祉)도 인주(仁州, 인천)로 내쫓겼고, 내시 왕준명 등도 모두 유배되었다. 1215년(고종 2)에는 교동현(喬桐縣)으로, 1219년(고종 6) 3월에는 개경으로, 1227년(고종 14) 3월에는 다시 교동으로 옮겨졌다.

최충헌이 이광유(李光裕)를 파견해 희종을 교동으로 옮기게 했을 때, 희종은 놀라서 어쩔 줄 몰라 했다고 한다. 아마도 최충헌이 자신을 죽이려 할지도 모른다는 공포감 때문이었을 것이다. 당시 희종의 귀양살이가 매우 열악했음은 희종의 귀양지에 비용으로 있는 것이 6섬의 쌀밖에 없었다는 이광유의 보고를 통해서도 알 수 있다.

왕준명 사건에 대해 최충헌이 후일 "내가 어질게 용서하지 않았다면 임금 부자의 목이 오늘까지 붙어 있겠느냐? 왕준명 사건을 생각하면 지금도 나의 머리카락이 모두 곤두선다"라고 토로한 것으로 보아, 당시 최충헌이 죽음 앞에서 느꼈을 공포는 상상 이상이었을 것이다. 그러나 최충헌은 자신을 암살하려 한 희종을 죽이지는 못했다. 만일 희종을 죽였을 경우, 조야의 여론이 어떻게 돌아갈지 모르는 상황이었기 때문이다. 그럼에도 불구하 희종은 폐위된 후 유배당한 처지이지만 표면적으로는 '태상왕'으로 봉해진 것으로 보인다. 고종 재위 연간에 사망한 「최보순묘지명(崔甫淳 墓誌銘)」에는 아직 살아 있던 희종을 '대상왕(大上王)'으로 표현하고 있다. 고종이 희종의 아내 성평왕후의 시호를 올릴 때 희종을 '상황(上皇)'이라 부르기도 했다. 1219년 4월에 그의 3녀 덕창궁주가 최충헌의 아들 최진(崔瑨, 崔珹)과 혼인을 하면서 개경으로 돌아올 수 있었다.

1227년(고종 14) 최충헌의 아들 최우는 희종의 복위 음모가 있다 하여, 다시 그를 교동으로 옮겨 법천정사(法天精舍)에 머무르게 했다. 1237년(고종 24) 희종은 법천정사에서 쓸쓸하게 숨을 거두었다. 그가 죽은 후 빈소는 낙진궁(樂眞宮)에 차려졌다.

『고려사』에는 희종에 대해 "이때 최충헌이 나라의 정권을 잡은 지가 여러 해 되어 …… 희종이 비록 일을 해보고자 한들 어찌 하겠는가. …… 왕은 이를 알지 못하고 경박한 계책을 부려서 한때의 분을 풀려고 하다가 마침내 내쫓김을 당했으니, 슬픈 일이다"라는 사신의 평을 덧붙였다. 최씨 정권기에 집권한 고려 국왕 가운데 유일하게 최충헌에게 정면 승부를 걸었으나 무참히 실패하고, 여기저기 전전하면서 고단한 삶을 산 국왕이다. "흉적들을 제거하려고 했던 것은 가상하나 한 치의 실수로 일을 그르쳤다"라고 안타까워했듯이, 희종의 측근이 최충헌을 암살했다면 최씨 무인정권은 종식되었을 것이다. 만약 최충헌의 암살을 성공시켜 왕정복고를 이룩했다면 고려왕조의 역사는 크게 바뀌었을 것이다. 그런 면에서 희종은 여러모로 아쉬운 역사의 갈림길에 서 있었던 것이다.

강종(康宗)
늙은 태자 생활로 극과 극을 오갔던 일생

뜻밖에 오른 태자의 자리, 그리고 폐위

고려 22대 국왕 강종은 이름은 숙(璹)·정(貞)·오(祦), 자는 대화(大華)이다. 1152년(의종 6) 4월에 태어나 1213년(강종 2)에 사망했다. 명종과 광정태후(光靖太后) 김씨 사이에서 맏아들로 태어났다. 연희궁주(延禧宮主)와 수안궁주(壽安宮主) 두 누이가 있었다. 그 외에 아버지의 다른 여인들에게서 낳은 10여 명의 아들이 있었다.

왕오의 아버지인 왕호(王晧, 명종)는 당시 국왕인 의종의 아우로 익양후(翼陽侯)에 봉해져 있었다. 왕오는 국왕의 조카이

긴 하나 그의 어린 시절은 마냥 편안하고 여유롭지는 않았다. 의종은 도참(圖讖)의 말을 믿고 동생들을 경계했다고 한다. 실제로 의종의 친동생이자 익양후의 친형인 대령후(大寧侯) 왕경(王暻)은 역모를 꾸몄다는 무고를 받아 천안부로 유배되기도 했다. 이러한 상황에서 익양후와 그의 가족도 매우 조심하지 않을 수 없었을 것이다. 최여해(崔汝諧)라는 관리가 익양후에게 그가 왕위에 오르는 꿈을 꾸었다고 말하자, 입단속을 시켰다는 일화는 이러한 분위기를 반영한다.

왕오가 19살 때인 1170년(의종 24), 정중부 등이 쿠데타를 일으켜 권력을 장악했다. 바로 무인정변이 일어난 것이다. 의종과 태자는 거제현과 진도현으로 추방되었고, 태손(太孫)은 죽임을 당했다. 정변이 일어난 개경은 무인과 병사들이 수많은 문신과 환관 등을 참살했고, 그들의 집을 통째로 헐어 없애버리기도 했다. 쿠데타의 핵심 주역인 이고(李高)는 문신을 모두 죽이려다가 정중부의 제지를 받기도 했다. 정중부 등은 의종을 폐위시키고 바로 익양후를 데려와 왕위에 앉혔다. 바로 명종이다.

1197년(명종 27) 9월에 최충헌의 동생 최충수가 늙고 정사를 게을리 하여 국정을 문란하게 했으며, 부고를 비게 했다는 이유로 명종을 폐위했다. 왕오는 폐위된 부왕 명종과 함께 강화도로 갔다가, 1210년(희종 6)에 소환되어 이듬해 12월 최충헌에게 옹립되어 왕위에 올랐다. 바로 강종이다.

그러나 불과 2년 동안 재위한 뒤에 62살의 나이로 사망했다. 이 시기는 무인집권기, 그중에서도 최충헌이 권력을 장악하고 있던 때였다. 때문에 국왕으로서 별다른 역할을 수행하기 어려웠다.

긴 세월 끝에 오른 왕위

강종은 부왕과 함께 강화도에 있다가 희종의 최충헌 암살 사건으로 1210년(희종 6)에 소환되어 이듬해 수사공 상주국 한남공(守司空上柱國漢南公)에 책봉되었다. 같은 해 12월 최충헌에게 옹립되어 폐위된 희종의 뒤를 이어 왕위에 올랐다. 이보다 앞서 부왕인 명종은 1170년(의종 24) 정중부 등에 의해서 폐위된 의종 대신에 왕위에 올랐다. 이듬해 1월, 왕오는 성인으로서 관례(冠禮)를 치렀다. 왕실의 큰 행사로 기쁘게 잔치가 열릴 날이었으나, 그날마저도 이고가 잔치 자리에서 난을 일으키려다가 또 다른 정변 주모자인 이의방(李義方)에 의해 제거되었다.

1173년(명종 3) 4월, 왕오는 왕태자(王太子)에 책봉되었다. 이 즈음에 그는 왕숙(王璹)이라는 새 이름을 받았다. 이어 1174년(명종 4) 3월에는 이의방의 딸을 태자비로 맞이했다. 사평왕후(思平王后) 이씨였다. 이들의 사이에서는 수녕궁주(壽寧宮主)가 태어났다. 태자의 장인이 된 이의방은 더욱 권세를 부렸으나, 그해 겨울에 정중부의 아들 정균(鄭筠)에 의해 살해되었다.

결국 사평왕후도 역모자 딸이라는 이유로 쫓겨났다. 바로 다음 해인 1175년(명종 5) 9월에 왕숙은 새로 신안백(信安伯) 왕성(王珹)의 딸을 새 태자비로 맞이했다. 원덕태후(元德太后) 유씨(柳氏)이다. 이 둘의 사이에서 다음 국왕인 고종(高宗)이 태어났다.

그런데 부왕 명종은 비록 무인 권력자들에게 눌려 국왕으로서 권력을 행사하지 못했지만 오래 왕위를 지켰다. 때문에 왕숙도 태자로서 오랜 세월을 보내야 했다. 학생들을 시험하여 시학(侍學)을 선발하고, 백관들로부터 생신을 하례 받고 아버지를 찾아뵙는 등 일상적인 일만 기록에 보인다. 이때가 1195년(명종 25) 4월이니, 왕숙이 태자가 된 지도 23년째, 그의 나이 44살이었다. 당시 세상에서 그를 '늙은 태자'라고 불렀던 것도 이 때문이었다.

물론 이러한 평온함이 종종 찾아왔더라도, 여전히 조정은 무인 권력자들 간의 살벌한 투쟁이 반복되었다. 1196년(명종 26) 4월에는 포악하기로 악명 높았던 이의민이 최충헌 형제에 의해 제거되었다. 이 과정에서 개경 한복판에서 시가전이 벌어지기도 했다. 계속되는 무인간의 권력다툼 속에 왕의 측근들과 금군(禁軍)·환관(宦官)들도 많이 목숨을 잃었다. 8월에는 명종과 태자가 성 밖으로 나갔다가 돌아올 때에 행차 인근에서 소란이 벌어지자, 사람들 사이에 왕에게 변고가 생겼다고 헛소문이 돌기도 했다.

최충수는 명종이 늙고 정치에 게으르며 소군들을 단속하지 못하는 등 국왕으로서 자격이 없으며, 태자 왕숙 역시 우매하고 유약하여 그 후계자로 적당하지 않다고 했다. 결국 이듬해인 1197년(명종 27) 9월에 명종을 폐위시키고 평량공(平涼公) 왕민(王旼)을 새 왕으로 즉위시켰다. 그가 신종이다. 폐위된 명종은 창락궁(昌樂宮)에 유폐되고, 태자 왕숙은 강화도로 유배되었다. 당시 46살의 '늙은' 태자인 왕숙은 태자비와 함께 비를 맞으며 궁에서 걸어 나왔으며, 역마(驛馬)를 타고 강화도로 갔다.

긴 유배 끝의 복귀, 그리고 뜻밖의 즉위

늙은 태자 왕숙은 강화도에서의 유배 생활이 길었다. 1202년(신종 5) 11월, 창락궁에 유폐되어 있던 명종이 병으로 사망했다. 부왕의 서거 소식은 전해졌겠지만, 유배지에 있던 왕숙은 장례에 참석하지 못했다. 당시 나라 사람들도 이를 애통하게 여겼다고 한다.

그에 관한 기록은 그로부터 8년 뒤인 1210년(희종 6) 12월
에 국왕 희종이 그를 강화도에서 소환했다는 것에서 보인다.
13년만의 귀환이었지만, 이미 그의 나이 59살이었다. 부왕 다
음으로 즉위했던 신종도 이미 사망했고, 그 아들인 희종이 즉
위한 지도 벌써 6년이 지난 무렵이었다. 희종은 1211년(희종
7) 1월에 왕숙을 수사공 상주국 한남공으로 책봉하고, 왕정(王
貞)으로 이름을 고쳐주었다.

신종은 명종의 동생이었고, 왕숙은 명종의 장남이었으므
로, 1181년(명종 11)에 신종의 아들로 태어난 희종에게 왕숙은
서른 살 위의 사촌 형님이었다. 왕숙의 개경으로의 귀환은 여
전히 권력을 장악하고 있었던 최충헌의 허락이 없었다면 불
가능했을 것이다.

왕숙이 돌아온 그해 12월, 희종은 궁궐에서 측근들과 모의
하여 최충헌을 제거하려고 했다. 뜻밖의 기습으로 최충헌은 크
게 당황했지만, 결국 최충헌의 부하들에 의해 희종의 친위 쿠
데타 시도는 실패로 돌아갔다. 분노한 최충헌은 왕을 폐위하여
강화도로 내쫓았다가 다시 자연도(紫鸞島)로 옮기고 태자와 종
실, 여러 신하를 유배했다. 그리고 왕숙을 즉위시키고, 이름을
왕오(王祦, 명종)라 고쳤다. 그의 나이 60살의 겨울이었다.

짧았던 재위 기간, 알찬 씨앗을 품다

12월에 즉위한 강종이 재위한 기간은 불과 1년 9개월 정도로 짧다. 국왕으로서 적극적인 활동을 펼치기에는 정치적 상황과 늙은 나이, 재위 기간도 역부족이었다. 금(金)에 즉위 사실을 알리고 책봉을 받은 일과 최충헌에게 공신호를 내리고 부(府)의 이름을 흥녕부(興寧府)에서 진강부(晉康府)로 고쳐준 일 정도였다. 이 역시 최충헌에 의해서 이루어진 것이다. 다만 자신의 가족들에 대한 조치도 보이는데, 1월에 안악현(安岳縣)에 있던 아들 왕진(王瞋)을 개경으로 불러들이고, 7월에 왕태자로 책봉했다. 5월에 어머니에게 광정태후(光靖太后)라는 시호를 추증했고, 10월에 부인 유씨를 연덕궁주(延德宮主)로 책봉했다.

이듬해인 1213년(강종 2) 4월, 부왕 명종의 능인 지릉(智陵)을 참배했다. 그리고 아버지의 능에 다녀온 넉 달 뒤, 강종은 병이 들어 자리에 누웠다. 나흘 뒤에 유조(遺詔)를 남기고 그날 저녁에 세상을 떠났다. 그리고 유조를 받들어 아들 왕진이 왕위에 올랐다. 바로 고종이다. 물론 최충헌의 용인이 있었기에 가능했다.

강종의 일생은 이렇게 극적으로 처지가 거듭 뒤바뀌는 삶을 살았다. 존귀한 왕족으로 태어났으나 활동을 조심해야 했고, 무인정변으로 무인에게 죽을 수도 있던 상황에서 갑자기 태자가 되어 정치적 파랑에도 불구하고 큰 탈 없이 만년을 보낼 즈음에 태자의 자리에서 폐위되어 강화도로 유배 보내지고, 강화도에서 겨우겨우 살아갈 무렵 돌연 개경으로 소환되었다. 그리고 말년을 정리할 무렵에 뜻밖에 왕위에 즉위했다.

그의 일생을 가장 크게 흔들었던 사람은 최충헌이었다. 그러나 최충헌이 세웠던 강고한 '최씨 정권'이 아들 최우(崔瑀)와 손자 최항(崔沆), 증손자 최의(崔竩)로 이어졌으나, 강종의 아들 고종이 45년간 왕위를 지키는 동안 최의가 살해당하여 최씨 정권의 종말을 목격하게 되리라는 것을 알지 못했다.

고종(高宗)

고려왕조의 비바람, 고난 속에서 가장 오래 재위한 국왕

우여곡절 끝에 왕위에 오르다

고려 23대 국왕인 고종의 이름은 진(瞋)·철(皦)이며, 즉위할 때에는 질(晊)로 바꾸었다. 자는 대명(大明)·천우(天祐)이다. 1192년(명종 22)에 태어나 1259년(고종 46)에 사망했다. 강종과 원덕태후(元德太后) 유씨(柳氏) 사이의 맏아들로 태어났다.

그가 태어날 당시 국왕은 그의 할아버지 명종이었고, 그의 아버지는 태자의 자리에 있었다. 그러나 무인집권기의 국왕은 무력한 허수아비에 불과했다. 모든 권력은 무인들로부터 나왔기 때문이었다. 그가 6살이 되던 1197년(명종 27)에 그의

할아버지 명종은 새로 권력을 잡은 최충헌에 의해 "늙고 정사에 염증을 낸다"라는 이유로 폐위되었다.

이와 동시에 아버지인 태자 왕숙(王璹)과 어린 고종도 강화도로 유폐되었다. 아버지 왕숙에게 다시 기회가 찾아온 것은 14년이 지난 뒤였다. 명종의 뒤를 이어 왕위에 올랐던 신종이 등창 때문에 곧 그의 아들인 희종에게 왕위를 선양했다. 그러나 젊고 패기 넘치는 국왕을 꺼렸던 최충헌은 1210년(희종 6)에 강화도로 유폐시켰던 왕숙을 다시 개경으로 불러들였다. 그리고 이듬해, 최충헌을 암살하려다가 실패하는 사건에 희종이 연루되었음이 밝혀지자, 최충헌은 그를 폐위시켰다. 그리고 새로 왕위에 오른 인물은 강종, 즉 고종의 아버지였다.

즉위할 당시 이미 환갑의 나이였던 강종은 왕위에 오른 지 겨우 1년 8개월 만에 사망했다. 결국 1213년(강종 2) 8월 고종이 즉위했으니, 그의 나이 22살이었다. 아버지를 따라 강화도로 유폐된 지 16년, 말 그대로 우여곡절 끝에 왕위에 오르게 된 것이었다.

고려왕조 34명의 국왕 가운데 재위 기간이 가장 긴 왕은 23대 고종이다. 그는 1213년(강종 2) 20살에 왕위에 올라 1259년(고종 46년) 사망할 때까지 총 45년 10개월 동안 왕위에 있었다. 조선의 27명의 국왕 가운데 가장 오래 재위한 임금은 21대 영조로 총 52년 동안 왕위에 있었다.

그러나 고종은 재위 기간 내내 실권을 장악하지 못했다. 당시는 최씨 일가의 무인집권이 안정된 상황으로 접어들어, 최충헌에서 최우 등으로 이어지는 무인집정자들이 국왕을 압도하는 권력을 가지고 있었다. 또한 밖으로는 즉위 무렵부터 시작된 동북아시아 국제정세의 격동에 휩쓸려 거란 유종의 침입(1216~1218)을 비롯하여, 1231년부터는 거의 30년 동안 몽골의 침입을 견뎌내야 했다. 고려왕조 전체를 통틀어 안팎으로 가장 고난을 겪었던 때가 바로 고종의 재위 기간이었다.

몽골과의 긴 전쟁과 강화 천도

즉위 직후 고종이 맞이한 국제 정세는 예측할 수 없는 혼돈 상태였다. 100년 동안 고려의 북쪽을 굳건히 차지하고 있던 여진족의 금나라는 몽골 초원에서 등장한 몽골족의 공세 앞에 맥을 추지 못하고 있었다. 그 여파는 고스란히 한반도로 전해졌다. 금나라의 치하에 있던 요동의 거란족은 야율유가(耶律留可)의 지휘 하에 반란을 일으켜 점점 남쪽으로 내려오고 있었다. 금나라에서 이를 토벌하기 위해 파견한 포선만노(浦鮮萬奴) 역시 금나라를 배신하고 독자세력화했다. 모두 고종 즉위 무렵의 일이었다.

1216년(고종 3) 8월, 드디어 거란족의 일파 수 만 명이 압록강을 건너 고려를 침입해오기 시작했고, 이들은 2년여에 걸쳐서 개경 인근은 물론 남쪽으로는 춘천·원주 일대까지 내려왔다. 한편 이들을 추격하던 몽골군도 1218년(고종 5)에 고려의 경내로 진입했다. 그해 연말과 이듬해 초에 고려군과 몽골군은 평양 인근의 강동성(江東城)에서 조충(趙沖)과 김취려(金就礪)의 활약으로 거란군을 섬멸했다. 이른바 '강동성 전투'이다.

1219년 1월, 몽골과 고려의 정식 접촉이 성사됐지만, 몽골의 장수들은 무례하고 고려의 예법을 몰라 자신들의 털옷과 활을 찬 채로 고종에게 다가가 손을 잡으려 했다. 순식간에 벌어진 일로 고종의 안색이 변하고 좌우가 당황했을 때 인근의 신하가 "감히 추한 오랑캐[醜虜]가 지존(至尊)에게 다가가려 하다니!"라고 외치며 나가라고 하자, 결국 몽골 장수들은 고려 예법대로 고려식 의복을 입고 읍을 했다고 한다.

비록 우호적인 분위기 속에서 이루어진 공동의 군사작전이었지만, 몽골은 이때부터 고려에 복속을 요구했다. 그들은 정복지역의 해당 군주가 직접 몽골의 대칸을 찾아와 항복의 의식인 친조(親朝)를 행할 것을 요구했다. 또한 몽골이 정복지에 강요했던 여러 조건을 요구했다. 하지만 이러한 요구에 고려 조정과 고종은 쉽사리 수용할 수 없었을 것이다.

몽골은 1231년(고종 18)부터 본격적으로 고려를 침략해왔다. 1225년 3월에 사신 저고여(著古與)가 돌아가는 길에 압록강 근처에서 살해된 사건을 구실 삼았다. 북계 지역을 휩쓴 몽골군에게 고려 조정은 사신을 파견하여 막대한 양의 선물을 주며 화친을 모색했고, 결국 이듬해 정월 몽골군은 철수를 결정했다.

하지만 1차 침입이 끝난 후, 당시의 집정자 최우는 신료들의 반대에도 개경을 버리고 강화도로 수도를 옮길 것을 결정했다. 1232년(고종 19) 7월에 강화로의 천도가 단행되었다. 몽골군이 수전(水戰)에 약하다는 점을 이용했다. 이로부터 1270년(원종 11) 개경으로 돌아갈 때까지, 거의 40년 동안 강화도는 고려의 수도가 되었다. 고종의 능인 홍릉(洪陵)과 1237년(고종 24) 사망한 희종의 석릉(碩陵)도 이곳에 남아있는 이유이다.

최씨 정권의 종식과 항쟁, 그리고 강화 교섭

고려가 강화도로 수도를 옮긴 이후로도 몽골은 1232년(고종 19)과 1235년(고종 22), 1247년(고종 34), 1253년(고종 40)과 1254년(고종 41) 등 9차례나 고려를 침략해왔다. 몽골은 고려에 항복의 조건으로 출륙환도, 즉 개경으로의 환도와 고종의 친조를 끊임없이 요구했다. 침략은 수개월에서 1년 정도 지속되고, 몽골군 스스로 물러나는 경우가 많았다. 그러나 1254년

(고종 41)에 시작된 6차 침입은 전국을 휩쓸며 여러 해 동안 지속되었고, 심지어는 강화도 근방을 공략하며 고려 조정을 위협했다. 그해 한 해 동안 전국에서 포로로 잡혀간 수만도 20만 6,800명에 달했고, 살육된 자는 수를 헤아릴 수 없을 정도로 전국은 많은 피해를 입었다.

전쟁이 장기화되고 피해가 누적되자, 결사항전을 고집해왔던 최씨 무인정권에 대한 반발의 조짐이 일어났다. 결국 1258년(고종 45) 3월, 최씨 정권의 마지막 집정자 최의가 유경(柳璥), 김준(金仁俊) 등 대신들에 의해 제거되는 일이 벌어졌다.

고종은 고려 역대 국왕 중 46년간이라는 가장 긴 기간 동안 재위한 국왕이다. 이 기간 내내 최충헌을 비롯한 무인정권에게 권력을 빼앗긴 채 그들의 눈치를 봐야 했다. 거기에다 수도를 개경에서 강화도로 옮기며 장기간동안 몽골 침략에 시달리기도 했다. 특히 최항 집권기에는 매우 큰 굴욕을 당하기도 했다. 당시 강화도로 도망갔던 최항은 빈번하게 술잔치를 벌여 정작 고종 본인은 왕실 재산이 바닥나는 바람에 점심 식사를 줄이는 지경에 이르렀다. 고종은 이 일을 지시하기 위해 좌창별감(창고지기) 윤평(尹平)을 두세 번 불렀는데, 3일 만에 나타났다. 고종은 분노하여 윤평의 관직을 박탈하려 했으나 "오늘 내쫓아도 내일이면 다시 복귀할 테니 징계가 무슨 소용이겠냐"라며 한탄했다고 한다. 이러한 최씨 무인정권의 수모와 굴욕감은 후에 김준이 마지막 집권자 최의를 죽이고, 이를 아뢰었을 때 공을 치하하며 눈물을 흘렸을 정도였다.

이와 함께 고려 조정 내에서도 몽골과의 강화를 주장하는 목소리가 높아지게 되었다. 한편 몽골에서도 꾸준히 요구해오던 국왕의 친조 대신에 태자를 보내올 것을 강화의 조건으로 내걸었다. 이미 나이 60살을 훌쩍 넘긴 국왕 고종을 대신해서 태자가 대신 입조하라는 것이었다. 이 논의는 결국 1259년(고종 46) 4월, 마침내 태자가 화친을 청하는 표문을 가지고 몽골로 출발했다.

그리고 고종은 그로부터 두 달 뒤인 6월 마지막 날, 최의를 죽인 추밀원부사 유경(柳璥)의 집에서 숨을 거두었다. 그의 나이 68살이었다. 『고려사』에 실려 있는 사신의 논평은 그에 대한 안쓰러움을 담고 있다. 그의 긴 치세에 비해서 『고려사』를 비롯한 여러 사서에서는 공통적으로 고종이 오래 재위할 수 있었던 이유를 그가 근신했던 데에서 찾고 있다. 강한 권신과 강한 외적이 안팎에서 위협하던 시대에, 무려 46년이나 왕위를 지켜내었던 것 자체가 그의 성격과 국왕으로서의 특징을 보여주는 것이다.

고종의 업적은 최씨 무신정권에 의해 갖은 고초를 겪었음에도 불구하고, 끈질기게 버텨내며 재위 기간에 최씨 무인정권을 종식시킨 점과 아들인 태자 왕전을 몽골에 입조토록 한 것이

다. 이를 통해 9차례에 걸친 몽골의 침입을 종식시키고 더 이
상의 전란을 막기 위해 화약을 맺도록 한 것이다.

원종(元宗)
몽골의 도움으로 왕정복고를 이룩한 국왕

동분서주한 세자, 무인정권을 끝내다

고려 24대 국왕인 원종은 이름이 전(倎), 나중에 식(禃)으로 바꾸었다. 자는 일신(日新)이다. 1219년(고종 6) 3월에 태어나 1274년(원종 15)에 사망했다. 고종과 안혜태후(安惠太后) 유씨(柳氏) 사이에 맏아들로 태어났다. 비는 김약선(金若先)의 딸 순경태후(順敬太后), 종실 신안공(新安公) 왕전(王佺)의 딸 경창궁주(慶昌宮主) 유씨(柳氏)이다. 순경태후는 충렬왕을 낳고 일찍 죽었다. 경창궁주는 시양후(始陽侯) 왕태(王珆), 순안공(順安公) 왕종(王悰), 경안(慶安)·함녕(咸寧) 두 궁주(宮主)를 낳았다.

1235년(고종 22) 태자에 책봉되었으며, 1259년(원종 즉위) 즉위했다.

그가 즉위할 무렵은 무인정권 막바지에 해당하는 시기로, 고려 왕실은 안팎으로 거센 도전을 마주하고 있었다. 1170년(의종 24) 무인정변으로 시작된 무인정권은 최충헌이 권력을 잡은 기간 동안 국왕을 두 번이나 갈아치우는 등 무소불위의 권력으로 국왕을 압도하고 있었다. 1206년(희종 2) 칭기즈 칸의 즉위로 시작된 몽골의 세계정복은 1231년(고종 18)에 이르러 드디어 고려를 목표로 삼기 시작하여 30년 가까이 지속되고 있었다.

고종의 재위 기간 끝 무렵에 고려 왕실은 몽골과의 오랜 전쟁을 끝내고 강화하고자 했으나 최씨 정권은 끝내 항전을 지속했다. 몽골은 강화의 조건으로 출륙환도(出陸還都), 고려의 수도를 강화도에서 개경으로 옮길 것과 국왕의 친조(親朝), 즉 국왕이 친히 몽골 대칸에게 와서 항복할 것을 요구했다. 그러나 고종이 나이가 많다는 이유로 태자의 친조로 대체되었다. 결국 1259년(고종 46), 당시 태자였던 원종이 몽골로 향하면서 양국 사이의 강화가 성립되었다. 그러나 수도를 육지로 옮기는 일은 이후로도 10여 년 만인 1270년(원종 11)에야 이루어졌다.

원종과 쿠빌라이의 만남, 그리고 세조구제를 만들다

원종이 태자의 자격으로 대칸을 만나러 가던 도중, 마침 남송(南宋) 공격을 지휘하고 있던 대칸 몽케[夢哥, 憲宗]가 갑자기 사망하고, 그의 아우인 쿠빌라이[忽必烈, 世祖]와 아릭부케[阿里不哥]가 각각 대칸의 자리에 오름으로써 내전이 시작되었다. 원종은 몽케의 사망 소식을 듣고서 어디로 향할지 고민하다가, 고려로 돌아오는 길에 마침 남송 공격을 중단하고 몽골 고원으로 돌아가고 있던 쿠빌라이와 마주쳤다.

이것이 의도된 판단이든 우연한 만남이든, 이들 사이의 조우가 몰고 온 파급효과는 상당했다. 먼저 쿠빌라이에게 고려의 태자가 찾아온 것은 천명(天命)이 자신에게 돌아왔음을 보여주는 증거로 선전할 만한 좋은 구실이 되었다. 동생과의 황제 자리 다툼을 눈앞에 두고서 더 많은 세력을 끌어 모아야 했던 쿠빌라이로서는 30년 가까운 전쟁 끝에도 굴복하지 않던 고려의 태자가 스스로 항복하러 자신을 찾아온 것을 하늘의 뜻이라고 하며 크게 기뻐했다. "고려는 멀리 떨어져 있는 나라로, 당 태종이 친정했음에도 굴복시키지 못했는데 지금 그 세자가 스스로 내게 왔으니 이는 하늘의 뜻이다"라고 할 정도였다.

그러면서 신료들의 충고를 받아들여 태자 왕전(王倎)을 번왕(藩王)의 예로 접대하며, 그의 국왕 즉위를 지지하기로 결심했다. 한편 태자가 친조를 위해 나라를 떠난 사이, 무려 46년 동안이나 왕위를 지키고 있던 고종이 사망했다.

고종은 유언으로 태자에게 왕위를 물려줄 것을 지시했으나, 당시의 무인집정자였던 김준(金俊, 仁俊)은 고종의 둘째 아들이자 원종의 친동생인 안경공(安慶公) 왕창(王淐)을 추대하려고 했다. 대신들의 반대로 태자가 왕위에 추대되기는 했으나, 자리를 비운 상황에서 왕위를 보장할 수 있는 상황은 아니었다. 이런 때에 몽골에서 매우 호의적인 분위기 속에서 그를 국왕으로 인정하며, 아울러 실제 군사를 동원하여 그의 귀국 길을 호송하게 했으니, 원종으로서도 자신의 즉위를 든든하게 지원해줄 세력을 얻은 셈이 되었다.

결과적으로 원종과 쿠빌라이의 만남은 동생과 왕위를 다투고 있던 둘 모두에게 큰 힘이 된 계기가 되었다. 그리고 그 파급효과는 이후 한 세기 동안 이어질 양국관계에도 중요한 영향을 주었다.

불개토풍의 원칙을 얻어내다

오랜 전쟁의 결과, 우연이든 필연이든 태자와 쿠빌라이의 만남을 통해 성립된 고려-몽골의 외교 관계에서 몽골은 비교

적 우호적인 태도를 취했다. 우선 몽골은 한반도 곳곳에 배치
해두었던 몽골의 군대와 감독관인 다루가치들을 모두 철수시
켰다. 또한 고려의 의관(衣冠)을 비롯한 풍속을 몽골식으로 고
칠 필요 없이 원래대로 할 것을 허락했다.

이른바 '불개토풍(不改土風)'의 원칙이라는 것으로, 고려는
몽골의 속국이 되더라도 고유한 풍속을 고치지 않아도 된다
는 선언이었다. 이 약속은 '세조구제(世祖舊制)'라고도 불린다.
원나라의 초대 황제이자 몽골 제국의 제5대 대칸인 쿠빌라이
(세조)의 유훈이라서 후대의 원나라 황제들도 지키고자 했다.
이는 이후 한 세기 동안 지속될 양국관계에서 중요한 원칙으
로 적용되었다. 덕분에 고려는 원나라의 간섭을 받았음에도
고유한 정체성을 유지할 수 있었다.

그러나 개경으로의 환도(還都)가 늦어지고 김준을 비롯한
무인 집정자들의 태도가 우호적이지 않은 것을 확인한 몽골
은 1268년(원종 9) 무렵부터 고려에 대한 압박을 강화했다. 이
른바 '육사(六事)', 인질 제출, 군사 원조, 군량 공급, 역참 설치,
호구 조사와 그 결과의 제출, 다루가치 배치 등 여섯 가지의
요구사항을 고려에 이행할 것을 촉구했다.

몽골의 힘을 등에 업고 왕위에 오른 국왕이었기 때문에 몽
골과의 관계가 악화되고, 그들의 요구가 거세질수록 고려 국
내의 정치에서도 원종의 지위는 흔들렸다.

몽골의 힘으로 왕위를 회복하다

최씨 무인정권은 몽골과의 강화 직전에 막을 내렸지만, 그 뒤를 이은 무인집정자들은 여전히 고려의 정권을 장악하고 있었다. 몽골에서 6사의 이행과 출륙환도를 재촉하면서 양국 관계가 긴장 상태에 놓이게 되고, 나아가 집권자인 김준의 입조를 요구하는 상황에 이르자 1268년(원종 9), 김준은 몽골의 사신을 죽이고, 나아가 국왕까지도 폐위하고자 했다.

그러나 김준은 그해 연말 임연(林衍)에 의해 살해당했고, 이로써 그의 시도는 실패로 돌아갔다. 새로 정권을 장악한 임연 역시 원종과의 사이가 좋지 못했다. 원종이 출륙환도를 서두르자, 이듬해인 1269년(원종 10) 임연은 끝내 그를 폐위하고 안경공 왕창을 옹립했다. 이것이 이른바 원종 폐위 사건, 혹은 안경공 추대사건이다. 그러고는 곧바로 몽골에 표문을 보내, 국왕에게 병이 있어 동생에게 왕위를 넘겨주게 되었다고 변명했다.

그러나 몽골은 여전히 원종을 고려 국왕으로 인정하고 있었다. 즉각 사신을 보내 사태의 전말을 조사하는 한편, 국왕의 안위를 보장할 것을 강력히 요구했다. 몽골의 이러한 조치는 당시 몽골 조정에 가 있던 태자 심(諶, 忠烈王)의 활약이 컸다. 마침 몽골에서 돌아오고 있던 태자는 원종이 폐위되었다는 소식을 듣고 몽골로 되돌아가 황제 쿠빌라이에게 군사적 개입을 요청했다. 그 결과 몽골은 국경 근처까지 군대를 파견하면서 원종과 왕창, 그리고 임연의 입조를 촉구했다. 결국 왕창은 사저로 돌아가고 원종이 복위하게 되었다.

원종은 그해 연말 몽골에 들어가 사건의 경위를 설명하며, 임연 일파를 제거하고 출륙환도를 추진하기 위해 군사를 보내줄 것을 요청했다. 그리고 이듬해 5월, 원종은 몽골군과 함께 귀국하면서 먼저 사신을 보내 수도를 개경으로 옮길 것을 명령했다. 임연이 죽고 그 뒤를 이은 임유무(林惟茂)는 끝까지 저항했으나, 결국 송송례(宋松禮) 등에 의해 살해되었다. 이로써 100년에 걸친 무인집권기가 끝나고 왕정복고가 이루어졌다. 곧이어 출륙환도가 단행되었다. 또한 고려와 몽골의 강화도 완전하게 성립되었고, 뒤이어 몽골에서 요구했던 6사 역시 모두 실행되었다.

한편 원종은 몽골과의 관계에 얽힌 문제를 풀어내는 데에도 집중했다. 우선 서경(西京) 일대에서 반란을 일으켜 원에 귀부했던 최탄(崔坦) 세력의 처리 문제를 제기했다. 이들 세력을 받아들인 쿠빌라이의 조치에 대해 원종은 여러 경로를 통해 서경 일대의 반환을 요청했다. 또한 이 시점에서는 이후 양국관계에 큰 전환점이 되는 논의가 오가고 있었는데, 바로 원과 고려 왕실 간의 혼인 문제였다. 원 황실의 공주를 고려 왕족과 혼인시키자는 제안은 원종 폐위 사건 당시 원에 입조해 있던 세자 충렬왕이 먼저 제시하여 이미 허락을 받은 사안이었다.

원종은 1270년(원종 11) 원에 입조하여 공식적으로 세자 청혼 문제를 제기했고, 그 결과 1274년(원종 15) 쿠빌라이의 딸 쿠두루칼리미쉬[忽都魯揭里迷失] 공주, 이후의 제국대장공주(齊國大長公主)와 충렬왕 사이의 혼인이 정식으로 성사되었다.

원간섭기를 맞이하다

원종의 시대는 시대의 전환기였다. 한 세기에 걸친 무인집권기와 반세기에 걸친 몽골과의 전쟁을 마무리하고, 다시 한 세기 동안 지속되는 원간섭기를 마주했기 때문이다. 그러나 개인으로서의 원종은 그 격동의 한가운데에 있었다. 안으로는 무인집권자들과의 정권 경쟁으로, 밖으로는 몽골의 압력으로 그의 재위 기간은 어려움의 연속이었다. 태자 시절까지 합하면 세 차례 몽골에 친히 다녀왔는데, 이는 고려의 역사에서 전례를 찾을 수 없는 일이었다. 즉위할 기회를 놓칠 뻔하기도 했으며, 재위 중에 폐위를 당하는 수모를 겪기도 했다. 결과적으로 원종은 당시 몽골의 강력한 후원에 힘입어 왕위에 올랐으며, 다시 그 힘으로 복위했다. 국내의 경쟁자들을 물리치고 정권을 장악하는 데에는 몽골의 후원이 결정적이었다. 그러나 이후 한 세기 동안 이어진 원의 간섭을 받아야 하는 계기가 되었다.

원종은 원나라의 압박이 거세지는데도 불구하고, 고려 국왕의 상징인 황포(黃袍)를 입었으며, 9묘제 태묘(太廟)를 재설치했다. 원종이 묘호를 받은 것은 적어도 자신 대까지만은 고려의 종묘 예법을 지키고자 했기 때문이다. 또한 원종은 스스로를 '짐'이라 칭하고, 신하들에게 표문을 받는 등 현상 유지에 노력했다.

그러나 원종 치세는 원간섭기를 연 시대였다. 당시 사신(史臣)은 "무인정권을 수습한 군주이고, 몽골 제국의 세력이 강했는데 치욕을 감수하고 나라의 보전을 꾀했으니 얼마나 다행이냐"라고 할 정도였다. 다만 자력으로 무인정권을 끝내지 못하고, 몽골의 힘을 빌렸다는 점은 비판받았다. 실제 『동국통감』에서는 원나라와의 화친은 그런대로 높이 평가하나, 나라를 위협하는 권신을 자신이 자발적으로 제거하지 못했다는 점은 부정적으로 보았다. 그러나 고려의 주권만은 지켜내며 고려의 위상을 세우려 했다는 점은 인정해야 할 것 같다.

충렬왕(忠烈王)

팍스 몽골리카의 시대, 고려와 고려 국왕으로 살아남기

원 황제의 사위가 된 고려 국왕

고려의 25대 국왕인 충렬왕은 이름이 심(諶)·춘(睶), 나중에 거(昛)로 바뀌었다. 1236년(고종 23)에 태어나 1308년(충렬왕 34)에 사망했다. 고려 국왕 중에서 가장 장수했다. 어머니는 무신집권자 최우의 사위로 추밀부사를 지낸 김약선(金若先)의 딸 순경태후(順敬太后)이다. 이 사이에서 맏아들로 태어났다.

충렬왕에게는 어머니가 다른 형제자매로, 종실의 딸 경창궁주(慶昌宮主) 소생의 시양후(始陽侯), 순안공(順安公), 경안궁주(慶安宮主), 함녕궁주(咸寧宮主)가 있다. 비는 원 세조 쿠빌라이의 딸 제국대장공주(齊國大長公主), 종실 시안공(始安公) 왕인(王絪)의 딸 정화궁주(貞和宮主), 김양감(金良鑑)의 딸 숙창원비(淑昌院妃)이다. 자녀는 정화궁주 소생의 맏아들 강양공(江陽公) 왕자(王滋), 제국대장공주 소생의 충선왕(忠宣王), 서자인 왕서(王湑) 등 3명의 아들과 정화궁주 소생의 정녕원비(靖寧院妃)와 명순원비(明順院妃) 두 딸이 있다.

원의 요구에 따라 고려의 관제를 개편했고, 몽골의 1·2차 일본 원정에 조력하면서 정동행성 장관직을 겸했다. 원 정국 변동 과정에서 왕위를 아들 충선왕과 경쟁했다. 고려 국왕 가운데 가장 오래 살았다.

즉위 이전의 활동, 준비된 세손

충렬왕의 즉위 전후의 고려에서는 중요한 변화가 일어났다. 100년가량 계속되었던 무인집권기는 몽골이 마지막 무인집정인 임연·임유무 부자를 제거하면서 종식되었다. 정권은 다시 국왕에게 돌아갔으나, 무인집권기 이전의 국왕처럼 왕권을 행사할 수는 없었다. 원 제국이라는 강력한 외압이 고려의 정치에 깊숙이 간섭하기 시작했기 때문이었다. 충렬왕은 이 복잡한 시기에 고려와 원과의 관계를 정립하고 고려의 국왕권을 재구축하는 큰 역할을 했다. 그러나 그 과정에서 측근들을 중심으로 한 정치를 행하여 폐단을 가져오기도 했다. 또한 재위 후반기에는 아들인 충선왕과 왕위를 두고 정쟁을 벌인 끝에 왕위를 물려주었다가 다시 즉위하는 등 고려 왕위 계승에 없었던 일들이 발생했다. 이는 원 제국을 매개로 달라진 권력구조 아래에서 변하게 된 국왕 위상의 단면과 그로 인한 국내 정치의 혼란상을 보여준다.

따라서 충렬왕은 무인집권기와 원간섭기라는, 고려 정치사에서 매우 특별한 두 시기가 중첩된 시대를 살았던 국왕이다. 충렬왕은 즉위 이전에도 태손, 세자로서 정치 경험이 있었다. 1259년(고종 46)에 당시 태자였던 부왕 원종이 강화를 위해 원에 체류하는 동안에 고종(高宗)이 사망하자, 충렬왕은 고종의 유지에 따라 태손으로서 임시로 국사를 대리했다. 원종이 귀국해 즉위한 후 1260년(원종 원)에 태자에 책봉되었다.

그의 정치활동이 적극적으로 표면화된 계기는 1269년(원종 10) 원종 폐위 사건이었다. 고려의 세자로서 숙위 생활을 하기 위해 원에 갔던 세자 왕심은 1269년(원종 10) 4월, 귀국길에 부왕 원종이 당시 무인집권자였던 임연에 의해 폐위되었다는 소식을 접했다. 이에 다시 원으로 돌아가서 황제 쿠빌라이에게 임연의 군대를 제압할 군사를 보내줄 것을 청하고 동시에, 황실의 딸과 혼인하게 해줄 것을 청했다.

1259년(고종 46)에 강화가 이루어진 이후에도 여러 가지 몽골의 요구사항을 적극적으로 이행하지 않았던 고려에 불만을 느끼고 있던 원은 고려의 일개 신하가 몽골의 대칸이 임명한 국왕을 폐위시켰다는 소식을 매우 심각하게 받아들였다. 태자 왕심의 요청에 따라 군대를 파견해 원종을 복위시키는 한편, 몽골 황실과 고려 왕실의 통혼을 허락했다. 태자 왕심과 쿠빌라이의 딸 쿠두루칼리미쉬와[제국대장공주]의 혼인은 1274년(원종 15)에 이루어졌다. 39살의 나이로 16살의 원 공주와 혼인한 것이다.

태자의 적극적 대응과 원의 개입으로 원종은 폐위 5개월 만에 다시 왕위에 오를 수 있었고 김준, 임연 등을 통해 이어지고 있었던 무인집권기의 권력구조를 완전히 청산할 수 있었다. 1269년(원종 10)의 원종 복위 과정을 통해 고려의 국왕과 신료들은 이제 원 제국 황제의 권력이 고려 국왕의 입지를 크게 좌우할 수 있게 되었음을 확인하게 되었다. 이러한 고려 국왕과 원 황제의 관계는 고려 왕실과 몽골 황실 간 통혼이 성사되면서 더욱 분명해졌다. 원 황실 부마로서의 고려 국왕의 위상은 곧 몽골 황실, 황제의 권력과 권위와 직결되어 그에 의지할 수 있게 된 것이다.

이러한 권력구조의 변화는 태자 왕심에 의해 적극적으로 활용되었다. 1272년(원종 13)에 몽골 황실과의 통혼을 허락받고 귀국한 태자는 몽골인들의 머리모양인 변발(辮髮)을 하고 그들의 의복인 호복(胡服)을 입고 왔다. 그는 스스로 변발과 호복을 한 것에 그치지 않고 신료들에게도 이를 강요하여, 1278년(충렬왕 4)에는 전국에 명을 내려 모두 몽골의 의복과 관(冠)을 쓰도록 했다.

이러한 행동은 인공수(印公秀)가 몽골의 제도에 따라 변발과 호복을 시행할 것을 누차 권했음에도 "하루아침에 조상 전래의 가풍을 바꾸지 못하겠다"라고 했던 원종의 태도와는 다른 것이었다. 태자 왕심의 변발과 호복 착용은 무인집권자의 권력을 압도하는 원 황제로부터 권위를 인정받고 혼인을 통해 황제 가족의 일원이라는 매우 특별한 관계를 보여주는 것이었다. 고려 국왕과 신료들이 모두 변발과 호복을 착용한 것은 원 황제를 정점으로 하는 제국질서 안에 실질적으로 포함되었음을 상징적으로 보여주는 것이었다. 아울러 그 정점에 가장 가까이 있었던 국왕의 권위 역시 고려 내에서는 최고 존엄의 존재라는 사실을 드러내는 장치였던 셈이다.

원 제국질서에 편입된 고려 국왕의 위상

충렬왕은 즉위 이후에도 왕실과 국왕의 권위를 확립하기 위해 원과의 관계를 적극적으로 활용했다. 우선 충렬왕은 국왕이 직접 원 황제를 만나기 위해 원에 들어가는 '친조(親朝)'

에 매우 적극적이었다. 이는 몽골이 정복지에 요구했던 사안들 가운데 하나로, 원 황제는 친조를 통해 정복지 수장들의 복속을 분명히 확인받을 수 있었다. 동시에 정복된 지역의 수장들은 원 황제와 원 조정의 주요 인물들과 개인적인 관계를 형성하여 중요한 현안들을 보다 효율적으로 해결할 수 있었다.

충렬왕은 그의 재위 기간 동안 중요한 문제가 발생할 때마다 자청하여 빈번하게 친조했다. 1278년(충렬왕 4)에는 친조를 앞두고는 "조근(朝覲)은 제후가 위를 섬기는 예절이다"라고 하며 이를 매우 당연한 것으로 받아들이고 있었다. 이는 부왕인 원종대까지만 하더라도 고려 국왕과 신료들이 국왕의 친조에 대해 상당히 부담스러워 했던 것과 다른 모습이다.

충렬왕이 친조를 통해 거둔 성과 중 가장 대표적인 것이 1278년(충렬왕 4) 김방경(金方慶)의 무고 사건에 대한 성과이다. 1277년(충렬왕 3)에 위득유(韋得儒), 노진의(盧進義), 김복대(金福大) 등이 김방경(金方慶)이 반역을 도모했다고 무고하여 촉발된 일련의 사건을 해명하기 위한 것이었다. 이를 통해 충렬왕은 김방경의 혐의를 벗기고 그간 고려에 부담이 되어 왔던 여러 사안을 해결하는 큰 성과를 거두었다.

충렬왕 즉위와 함께 시작되었던 일본원정 준비를 위해 고려에 와 있었던 몽골의 동정원수부 및 그 휘하 군대를 철수시켰다. 당시 동정원수부를 지휘하던 힌두[忻都, 忽敎]와 홍다구

(洪茶丘)는 군사 관련 업무뿐 아니라 내정에까지 간여했다. 특히 홍다구는 1218년(고종 5)에 몽골군이 강동성 전투를 위해 고려에 왔을 때 몽골에 투항했던 홍대순(洪大純)의 후손으로, 대표적 친원세력이었다.

그런데 충렬왕이 친조를 통해 이들을 원으로 돌아가게 함으로써 고려 내에서 자신의 입지를 공고히 할 수 있게 되었다. 더불어 원은 이때까지 고려에 두었던 감독관인 다루가치도 소환했다. 이로써 고려에는 더 이상 원의 군대나 관리가 상주하면서 고려의 내정에 간섭하지 않고 고려 국왕이 직접 통치할 수 있게 되었다.

1278년(충렬왕 4) 충렬왕 친조의 성과는 그가 원 황제 세조 쿠빌라이의 부마였다는 점, 그러한 관계를 통해 쿠빌라이에게 신뢰를 줄 수 있었다는 점에 기인한 측면이 크다. 그러나 그 대가는 컸다. 그간 동정원수부 및 몽골의 군대가 담당하고 있던 일본원정 준비를 이제 원 황실의 부마인 충렬왕이 주도하여 준비해야 했다. 1280년(충렬왕 6)에 일본원정을 준비하기 위해 설치된 정동행성(征東行省)의 승상에 임명되기를 자청했다. 실제 일본원정은 1281년(충렬왕 7)의 제2차 원정이 마지막이었으나, 1294년(충렬왕 20)에 쿠빌라이가 사망하여 사실상 일본원정이 포기되기 전까지 원정 준비를 위한 인력과 물자의 제공에 대한 부담이 계속되었다.

이외에도 충렬왕은 1290년(충렬왕 16)에 쿠빌라이에게 직접 요청하여 동녕부(東寧府)가 설치된 지역을 돌려받고 이곳에 서경유수관을 설치했다. 1269년(원종 10)에 최탄 등이 반란을 일으켜 자비령(慈悲嶺) 이북 지역을 바치고 몽골에 투항하자, 1270년(원종 11)에 동녕부가 설치되어 몽골의 직할지가 되었다. 이후 원종이 반환을 요청했으나 거부되고 이때에 와서 반환되었다.

한편 원종 폐위 사건과 복위의 과정을 거치면서 제후국으로서의 위상도 더욱 분명해졌다. 이전 시기 고려 국왕의 제후로서의 위상은 형식적인 외교적 질서 속에서 이루어진 것이었으나, 원 제국과의 관계에서는 원의 황제권이 고려 내에서도 실질적으로 작용하면서 고려 국왕은 제후의 위상으로 격하되었다.

이러한 점은 우선 고려의 관제 개편 등 형식적 측면에서 확인된다. 1275년(충렬왕 원년)에 원은 고려에 관제를 개편할 것을 요구해 왔다. 이에 충렬왕은 원의 관제와 유사한 고려 관제의 격을 제후국의 위상에 걸맞게 하향 조정하는 방향으로 관제 개편을 단행했다. 또한 묘호, 의식, 의복, 왕실 용어 등도 조정되었다.

선위와 복위의 과정과 흔들린 국왕 위상

제후국으로의 실질적인 변화는 정치의 측면에서도 적용되었다. 고려 국왕에 대한 원 황제의 '책봉'이 실질적 의미를 갖게 되었다. 원 황제와의 친소관계에 따라, 혹은 고려 국왕의 자질에 따라 고려 국왕은 원 황제에 의해 폐위되기도 했다.

1294년(충렬왕 20)에 원의 황제 세조 쿠빌라이가 사망하고, 그의 손자인 성종이 즉위하는 정국 변동 속에서 고려-원 관계는 일시 경색되었다. 그 원인은 성종이 즉위하는 과정에서 충렬왕이 반대 세력을 지지했을 가능성, 그리고 제국대장공주와 성종의 아버지 친김[眞金]이 다른 형제라는 점 등이 지적된다. 경색되었던 고려-원 관계는 충렬왕과 제국대장공주의 아들인 세자 왕장(王璋, 충선왕)과 성종의 조카딸 계국대장공주(薊國大長公主)가 혼인이 이루어지면서 회복되었다.

세자 왕장이 고려-원 관계에서 고려 측 주체가 되면서 고려 내에서도 그 정치적 위상이 부각되었고, 그와 함께 충렬왕의 정치 운영에 대한 비판이 표면화되었다. 1280년(충렬왕 6)에 감찰사 관원들이 간쟁으로 처벌받은 후 보이지 않았던 국왕의 정치 운영에 대한 비판이 다시 표면화되었다는 점, 그리고 그를 가능하게 한 것이 세자의 정치적 부상이라는 점이 주목된다.

1297년(충렬왕 23) 5월 제국대장공주의 사망과 뒤이은 7월의 옥사는 충렬왕의 정치에 대한 비판 움직임과 세자의 정치적 존재와 위상을 드러내었다. 세자는 공주의 사망 원인이 충렬왕의 측근세력에 있다고 판단하여 충렬왕의 총애를 받았던 궁인 무비(無比)와 환관 도성기(陶成器), 최세연(崔世延) 등을 죽이고 그 일당 40명을 귀양보냈다.

같은 해 8월과 10월, 12월에 세자가 주도한 세 차례의 인사를 통해 정치세력 재편이 이루어졌다. 10월에 충렬왕은 국왕의 지위를 세자에게 넘겨주기를 원에 청했다. 이때의 표문은 세자의 사부로 임명되었던 정가신(鄭可臣)이 작성한 것으로 내용에는 충렬왕의 본의가 아닌 것이 있었다고 한다.

결국 충렬왕의 선위는 원 황실·황제와의 관계 변화에서 강요되었고, 다른 한편으로는 그로 인해 이루어진 세자 중심의 고려 내 정치세력 재편에서 비롯된 내부의 변화에 의한 것이었다.

그 결과 1298년(충렬왕 24) 1월에 충선왕이 즉위했지만, 충선왕은 즉위 후 7개월 만에 폐위되었다. 여기에는 그가 즉위 후 단행한 관제 개편이 원에 참월했기 때문이었다. 그리고 충선왕이 계국대장공주와 불화하고 조인규(趙仁規)의 딸 조비를 총애한 데에서 비롯된 '조비 무고사건(趙妃誣告事件)'이 원인이 되었다. 공주가 이를 원에 알림으로써 결국 충선왕은 폐위되었고, 충렬왕이 복위하게 된다.

이렇게 충선왕이 즉위 7개월 만에 원에 의해 폐위되고 충렬왕이 복위되는 과정은 이전에는 존재하지 않았던 최초의 경험이었다. 부자간에 왕위가 뒤바뀌는 상황을 '중조(重祚)'라고 한다. 이 경험은 고려 국왕과 신료들에게 고려의 국왕이 원의 황제권에 기반해 권력을 행사할 수 있을 뿐 아니라, 원과의 관계에서 문제를 발생시킬 경우 황제에 의해 실제 폐위와 복위가 이루어질 수도 있음을 확인시켜 주는 것이었다.

충선왕에 대한 불신으로 충렬왕을 복위시켰으나, 원은 충렬왕에 대해서도 이전과 같은 신임을 보이지 않았다. 원 성종은 평장사 코코추[闊闊出]와 좌승 카산[哈散]을 보내 충렬왕과 함께 국사(國事)를 의논하게 했다.

이러한 가운데 1299년(충렬왕 25) 1월 초에는 충선왕을 지지했던 인후(印侯), 김흔(金忻), 원경(元卿) 등이 충렬왕의 측근 한희유(韓希愈)가 충렬왕과 함께 원에 대한 반역을 도모했다는 무고를 구실로 군사를 동원했다. 이에 한희유 등 10여 명을 체포하고 이를 카산에게 고했다. 이른바 '한희유 무고사건'이다. 사건은 마무리되었으나 이를 이상히 여긴 카산은 귀국하여 왕이 그 신하들을 제어하지 못하니 조정에서 관리를 파견해 함께 다스리도록 할 것을 청했고, 이에 따라 원에서는 코르구즈[闊里吉思]를 정동행중서성(征東行中書省) 평장정사(平

章政事)로, 야율희일(耶律希逸)을 정동행중서성 좌승(左丞)으로 임명해 보냈다.

코르구즈는 고려 관리들을 처벌하는 등 사법권을 행사하기도 하고, 여러 가지 고려의 제도를 변경하려고 했다. 그가 노비법을 변경하려 했던 것이 고려 측의 즉각적이고 격렬한 반대에 부딪히게 되면서 1301년(충렬왕 27) 3월에 파직되어 원으로 돌아갔다.

한편 충렬왕은 자신이 그러했던 것처럼 충선왕이 다시 왕위에 오를 수 있음을 경계해야 했다. 이에 충렬왕 측근세력들은 충선왕비인 계국대장공주를 왕실 인물인 서흥후(瑞興侯) 왕전(王琠)과 재혼시키려 했다. 충선왕과 원 황실의 관계를 단절시키고 다시 권력을 잡을 가능성을 없애려는 시도였다.

1305년(충렬왕 31) 11월, 충렬왕은 직접 왕유소(王維紹), 송방영(宋邦英) 등 측근세력들을 이끌고 원으로 갔다. 이에 폐위 이후 원에서 숙위 중이던 충선왕은 홍자번(洪子蕃) 등 자신의 지지 세력들도 함께 원에 들어오도록 했다. 이들은 원 조정에서 공주의 재혼 및 충렬왕 부자의 관계를 두고 열띤 정쟁을 벌였다.

이 정쟁은 결국 1306년(충렬왕 32)에 원이 충선왕 세력의 손을 들어줌으로써 끝나게 되고, 충선왕은 이후 고려 국정을 장악했다. 같은 시기에 원에서는 성종이 사망한 후 무종(武宗)이 즉위했는데, 그 즉위 경쟁 과정에서 충선왕이 공을 세웠기 때문이었다. 실권을 잃은 상태에서 국왕의 지위에 있었던 충렬왕은 1308년(충렬왕 34)에 73살의 나이로 사망했고, 충선왕이 복위했다.

매사냥, 여색, 음주가무에 너무 빠져 정사를 소홀히 했기 때문에 백성들의 고충이 심해져 결국 제국대장공주가 말릴 정도였으니 충렬왕은 국왕으로서는 결코 좋은 평가를 받을 수 없었다. 아들 충선왕과 경쟁을 해야 했지만, 그의 업적은 부왕 원종이 세조 쿠빌라이 칸에게 받아낸 '불개토풍'의 약속과 고려의 존속을 구체적으로 확약받고 왔다는 점이다. 그리고 원나라 주둔군을 고려에서 철수시키고 다루가치를 내쫓았으며, 이후 원나라의 군대나 관리가 고려에 주둔하지 않게 된다. 또한 원의 호구 조사 요구를 거부하고 고려에서 독자적으로 하기로 했으며, 고려의 독자적인 조세 징수 권한을 확답받은 것도 충렬왕의 중요한 업적이다.

서북쪽 자비령 이북의 동녕총관부의 땅과 제주도의 탐라총관부를 원으로부터 돌려받았다. 다만 조부인 고종 때 빼앗긴 동북의 쌍성총관부는 돌려받지 못했다. 이것은 훗날 공민왕이 무력을 써서 탈환했다.

충선왕(忠宣王)

쿠빌라이 황제의 첫 외손 국왕

쿠빌라이가 기대한 황제 혈통의 국왕

고려 26대 국왕인 충선왕의 이름은 원(謜), 나중에 장(璋)으로 바꾸었다. 몽골명은 '젊은 황소'란 뜻의 이지르부카[益知禮普花]이다. 이 이름은 외숙모였던 쿠케친[闊闊真] 황태자비가 충선왕을 귀여워하며 지어주었다고 한다. 자는 중앙(仲昻)이다. 1275년(충렬왕 원)에 태어나 1325년(충숙왕 12)에 사망했다. 충렬왕과 제국대장공주 사이에서 큰 아들로 태어났다. 득남을 축하하는 연회가 열렸는데, 충렬왕이 1비인 제국대장공주와 2비인 정화궁주 왕씨의 자리를 동급의 서열로 두었다가 제국대장공주가 크게 화내서 결국 연회가 일찍 끝났다고 한다.

어머니가 다른 형제로는 정화궁주(貞和宮主) 소생의 강양공(江陽公) 자(滋), 정녕원비(靜寧院妃), 명순원비(明順院妃)가 있다. 비는 원 성종의 형 진왕(晉王) 감마랄(甘麻刺)의 딸 계국대장공주(薊國大長公主), 몽골 출신 부인 의비(懿妃), 종실 서원후(西原侯) 왕영(王瑛)의 딸 정비(靜妃), 홍규(洪奎)의 딸 순화원비(順和院妃), 조인규(趙仁規)의 딸 조비(趙妃), 허공(許珙)의 딸 순비(順妃)이다. 이외에 충렬왕이 사망한 후 그의 부인이었던 김양감의 딸 숙창원비(淑昌院妃)를 맞이해 숙비(淑妃)로 삼았다. 자녀는 의비 소생의 세자 감(鑑)과 충숙왕이 있었고, 그 어머니를 분명히 알 수 없는 덕흥군(德興君)이 있다.

1298년 즉위와 폐위, 아버지와의 싸움

충선왕은 충렬왕의 장자는 아니었으나 그 어머니가 제국대장공주였다. 때문에 그 이복형인 강양공 왕자(王滋)를 제치고 1277년(충렬왕 3)에 세자로 책봉되었다. 그는 어린 시절부터 충렬왕, 공주와 함께 빈번하게 몽골에 입조하기도 했지만, 고려의 세자로서 상당히 오랜 기간 몽골에서 숙위 생활을 했다. 그러던 중, 1294년(충렬왕 20)에 세조 쿠빌라이가 사망하고 그의 손자인 성종 테무르가 즉위하면서 고려-원 관계가 경색되었다. 1295년(충렬왕 21)에 충렬왕은 몽골에 숙위 중이던 세자 왕장을 귀국시켜 판도첨의(判都僉議) 밀직감찰사사(密直監察司事)에 임명하여 실제 국정을 담당하게 했다. 그리고 이듬해인 1296년(충렬왕 22) 11월에는 성종의 조카딸 계국대장공주와 혼인했다.

고려-원 관계의 경색은 성종과 충렬왕 관계에서 비롯되었다. 그러나 이때 고려-원 관계의 상대 주체는 성종과 세자로 변경되었다. 성종과 충렬왕 간의 관계에 어떤 문제가 있었는지는 알려져 있지 않다. 다만 성종이 즉위하는 과정에서 있었던 계승 경쟁에서 충렬왕이 성종을 지지하지 않았을 가능성, 그리고 제국대장공주와 성종의 아버지 친킴[眞金]이 어머니가 다른 형제라는 점 등이 원인이었을 것으로 짐작된다.

세자가 고려-원 관계에서 고려 측의 상대가 되면서 고려 내에서도 그 정치적 위상이 부각되었다. 1297년(충렬왕 23) 5월 제국대장공주의 사망은 더 큰 작용을 했다. 세자는 공주가 사망한 원인이 충렬왕의 측근세력에 있다고 판단하여 충렬왕의 총애를 받았던 궁인 무비와 환관 도성기 등을 죽이고 그 일당 40명을 귀양보냈다. 그리고 그해 8월, 10월, 12월의 세 차례 인사를 주도하면서 충렬왕 측근세력들을 축출하고 새로운 인물들로 교체했다.

충렬왕은 이 무렵 국왕의 자리를 세자에게 넘기려고 원에 청원했다. 이렇게 충선왕은 1298년(충렬왕 24) 1월에 고려 국왕으로 즉위했다. 그러나 즉위 후 7개월만인 같은 해 8월에 원에 의해 폐위되어 소환되었다. 여기에는 크게 두 가지가 작용했다. 먼저 그가 즉위 후 단행한 개혁의 문제이다. 충선왕은 즉위 후 충렬왕의 측근세력에 의해 야기되었던 정치·사회·경제 등의 부문의 폐단을 바로잡기 위한 개혁을 단행했다. 이어 대대적인 관제 개편을 단행했는데, 이는 충렬왕 원년에 개편한 관제를 대상으로 한 것이었다. 충렬왕대 개편한 관제가 상위의 관제만을 격하시킴으로써 하위 관제들과의 관계에서 격이 맞지 않게 된 것을 재조정한 것이다. 그런데 이 과정에서 충렬왕대에 제후국의 관제로서 참월하다고 여겨 격하시켰던 관제들이 복구되거나, 원의 관제와 같은 것이 나타났다. 이는 원의 입장에서 참월한 것으로 인식될 수 있는 소지를 갖고 있었다.

다음은 '조비 무고사건'으로 드러난 충선왕과 계국대장공주의 불화이다. 충선왕은 공주와의 혼인 이후에도 그와 부부생활을 하지 않은 반면, 다른 비들을 총애했다고 한다. 특히 조인규의 딸 조비를 총애했다. 이와 관련해 누군가가 충선왕과 공주의 관계가 소원한 이유는 조비와 그 어머니가 저주를 했기 때문이라는 무고를 했다. 공주가 이를 원에 알림으로써 조인규와 조비 등이 원으로 소환되고 수차례 사신이 오간 끝에 결국 충선왕은 폐위되었다.

원은 충선왕을 폐위시켜 대도로 소환해 숙위 생활을 하도록 하고 충렬왕을 복위시켰다. 그런데 이 과정에서 고려 국왕과 신료들은 원과의 관계 속에서 충렬왕이 복위한 후에도 다시 폐위될 수도 있고, 충선왕이 다시 복위할 수도 있다는 것을 인식했다. 이에 충렬왕 측근세력들은 충선왕이 다시 권력을 가질 수 있는 가능성을 차단하는 방편으로 충선왕비 계국대장공주를 다른 왕실 인물인 왕전에게 재혼시키려고 했다.

사신을 통해 공주를 개가시키려고 했으나, 충렬왕은 1305년(충렬왕 31)에 직접 왕유소, 송방영 등과 함께 원으로 갔고, 이어 충선왕을 지지했던 홍자번, 최유엄(崔有渰), 유청신(柳淸臣) 등도 원에 늘어갔다. 공주의 재혼 및 국왕 부자의 관계를 두고 두 세력 사이에 정쟁이 벌어졌다.

1306년(충렬왕 32)에 원은 충선왕 세력의 손을 들어주었다. 여기에는 1307년(충렬왕 33), 원 황제 성종이 사망하고 무종이 즉위하는 과정에서의 충선왕이 무종을 지지해 공을 세웠던 것이 중요한 배경이 되었다.

두 개의 왕위를 가진 왕, 원에 머물다

충렬왕 세력과의 정쟁에서 승리한 충선왕은 고려의 국정을 장악했고, 1308년(충렬왕 34)에 충렬왕이 사망하자 복위했다. 이러한 폐위와 복위의 과정은 충선왕의 현실, 정치인식을 변화시켰다. 먼저 충선왕은 복위 후 관제를 개편하고 당시 고려 국정과 관련한 여러 정책을 제시했다. 관제와 관련해서는 고려의 제후국으로서의 위상을 보다 분명히 하는 방향으로 개편이 이루어졌다.

즉위년에 적극적으로 채용했던 원(院), 부(府)와 같은 원의 2품 이상 관부를 채용하지 않고, 원에서 정해준 도첨의사사(都僉議使司)를 제외하고는 원의 2품 이상 관부에 해당하는 성(省), 대(臺), 사(司) 등도 채용하지 않았다. 또한 즉위년 개편에서 중급 관부까지 개편했던 것에 비해 하급 관부까지 개편 범위를 확대했다. 이러한 복위년 관제 개편의 방향은 "상국(上國)의 제도를 피해 관명(官名)을 고쳐 제후의 법도를 삼가히 했다"라고 표현되고 있다.

또한 충선왕은 원에서 자신을 수종했던 신료들을 중심으로 자신의 측근세력을 확대 강화했다. 이는 충선왕이 즉위 당시에 왕명출납을 담당하는 승지방(承旨房)을 없애고 설치한 사림원(詞林院)에 박전지(朴全之)·최참(崔旵)·오한경(吳漢卿, 吳詷)·이진(李瑱) 등 4학사와 이승휴(李承休)·권영(權永, 權溥) 등 과거 출신 신진관료들을 학사(學士)로 삼아 인사권과 왕명출납을 관장하게 했다. 이를 인신사(印信司)로 고쳤는데, 이는 이전의 측근 중심의 충렬왕대 정치방식을 개혁하고자 했던 것과는 매우 달라진 모습이다.

충선왕 복위 후 정치의 가장 큰 변화와 특징은 '요령통치(遙領統治)', 혹은 '전지정치(傳旨政治)'라는 방식으로 정치 운영이 이루어졌다는 점이다.

충선왕은 1308년(충선왕 즉위) 8월에 충렬왕의 장례를 위해 고려로 귀국해 즉위식을 행하고 복위교서를 내렸다. 그리고 귀국 3개월 만인 11월에 원으로 돌아갔다. 이후 1313년(충선왕 5) 3월에 충숙왕에게 국왕의 지위를 넘기기까지, 충선왕은 복위 후 3개월을 제외한 재위 기간 동안 원에 체류하면서 왕명을 고려에 전하는 방식으로 고려를 통치했다. 이 과정에서 권한공(權漢功), 최성지(崔誠之), 박경량(朴景亮) 등 충선왕의 측근세력들이 왕의 명령을 전하면서 권력을 천단하기도 했다. 충선왕이 이러한 통치방식을 택한 것은 그가 자신의 권력을 유지, 강화하기 위해서는 원의 정치세력, 특히 원 황제와의 관계가 중요함을 인식하고 있었기 때문이었다.

또한 충선왕은 복위 전 무종이 즉위하는 과정에서 세운 공으로 원의 심양왕(瀋陽王)에 봉해졌고 이후 심왕(瀋王)으로 승급되었다. 곧이어 충렬왕이 사망하자 고려 국왕의 지위에 오르면서 충선왕은 두 개의 왕위를 갖게 되었다. 이에 반감을 가진 친원세력인 홍중희(洪重喜)·홍중경(洪重慶) 형제가 문제를 제기했다. 심양왕이 국법을 어기는 개혁을 하고 있다는 죄목으로 중서성에서 대질심문할 것을 요구했으나 충선왕이 적극적으로 나서서 원나라에 해명하자, 도리어 홍중희가 장형을 맞고 유배를 당했다. 그러나 원은 얼마 후 홍중희를 다시 복권했다. 이후 홍중희는 고려를 완전히 복속시킬 것을 원나라에 청했으나, 충선왕은 세조 쿠빌라이와의 약속인 '세조구제'를 근거로 내세워 홍중희의 주장을 반박했고 고려의 관료들도 강력히 반대해서 고려의 합병은 무산되었다. 이것이 1차 입성책동이다.

이에 충선왕은 일시 귀국하여 고려의 왕위를 아들 왕도(王燾, 충숙왕)에게 물려주고 조카 왕고(王暠)를 세자로 삼은 뒤 자신은 원으로 돌아갔다. 이어 1316년(충숙왕 3)에는 심왕의 지위까지 조카 왕고에게 물려주었다. 그러나 충선왕은 국왕의 지위를 충숙왕에게 물려주고 난 이후에도 교지(敎旨) 형식의 전지(傳旨) 통해 고려 국정의 주요 사안들에 대해 결정했다. 충숙왕은 즉위 후에도 국왕으로서 직접 정치를 할 수 없었다.

충선왕은 원에 장기간 체류하면서 자신의 집에 만권당(萬卷堂)을 지어 요수(姚燧), 염복(閻復), 원명선(元明善), 조맹부(趙孟頫) 등 원의 유명한 유학자들을 불러 교유하고 학문을 연구하도록 했다. 이때 이제현(李齊賢)도 이들과 함께 교유하고 성리학을 연구함으로써 많은 영향을 받았다.

이러한 학문적 활동 외에도 충선왕은 원 제국의 황제인 무종, 인종과의 관계를 통해 원의 정치에 깊이 개입했다. 이는 그가 인종으로부터 원의 우승상직을 제안 받았다는 사실과 그가 원에서 황제의 친위부대인 케식[怯薛官]으로 활동하고 있었다는 점을 통해서도 알 수 있다. 우승상직의 제의를 받은 충선왕은 자신이 그 자리를 맡기에는 부족하다며 거절했다. 그때 인종은 "그대가 권력과 거리를 두는 것을 알고 있다"고 했다고 한다. 한편 케식은 황제의 신변을 보호하고 개인적 사무를 처리하던 임무를 수행하던 근위부대이다. 그 수령인 케식관들은 국가사업의 논의와 결정에 상당한 영향력을 행사했던 것으로 보인다.

충선왕은 이와 같은 원에서의 활동을 통해 원 황제와 원 조정의 정치세력들과 관계를 강화했다. 이를 기반으로 충선왕은 원에 머물면서도 고려 내에서 확고한 국왕권을 행사할 수 있었다. 그렇지만 원에서의 정쟁에 직접적인 영향을 받을 수밖에 없는 한계를 가지고 있었다.

1320년(충숙왕 7), 원에서 인종이 사망하고 영종이 즉위하는 과정에서 충선왕은 토번(吐蕃) 살사길(撒思吉)로 유배를 가게 되었다. 이 과정에는 충선왕에게 원한을 갖고 있었던 고려 출신 원 환관 임바얀투구스[任伯顔禿古思]의 무고와 참소도 작용했다.

이제현 등 고려의 신료들은 수차례 충선왕을 소환해줄 것을 청하는 표문을 원에 보냈으나 받아들여지지 않았다. 다만 이때 원의 승상(丞相) 바이주[拜住]가 구원을 주청한 덕에 도스마(朶思麻, 감숙성)로 옮겨 주었다. 결국 1323년(충숙왕 10)에 원에서 영종이 사망하고 태정제가 즉위하자 정국이 바뀌어 사면령을 내려 충선왕은 유배지에서 4년 만에 풀려날 수 있었다. 그러나 얼마 후인 1325년(충숙왕 12)에 원의 수도인 대도에서 사망했다.

동성혼 금지와 소금전매제를 실시하다

충선왕은 즉위 직후 1308년 정치·경제·사회 전반에 걸쳐 고려가 당면하고 있던 폐단을 개혁하고자 하는 30여 항의 교서(敎書)를 발표했다. 여기에는 공신 자손들에게 관직을 주고 공신전(功臣田)을 환급해줄 것, 지방의 선비를 천거할 것, 세력을 빙자해 등급을 뛰어넘어 관직을 제수 받거나 왕을 호위한 공으로 공신 칭호를 받은 자들은 선법(選法)에 따라 처리할 것 등 인사 행정과 관련된 내용이 포함되었다.

또한 지방 행정과 관련해서도, 특수 임무를 띤 별감(別監)이 자주 파견됨으로써 야기되는 민폐를 시정하는 것, 지방관들이 세가(勢家)에 물품을 바치는 것이나 지방관들이 백성으로부터 선물을 받는 것 등을 금지했다. 이외에도 부당하게 탈점한 토지를 환수하도록 하는 경제 시책, 세력가에 투탁(投托)해 자신의 역(役)을 다하지 않은 백성이나 향리를 본래의 역에 돌아가게 하고 양민으로서 세력가에게 눌려 천민이 되는 사례를 방지하도록 하는 등 사회 시책이 포함되었다.

이때의 개혁 내용 가운데, 주목되는 것은 고려 왕실 내에서 성행하던 동성(同姓, 왕씨) 간의 혼인을 금지했다는 점이다. 또한 왕실과 혼인할 수 있는 재상지종(宰相之宗) 15개의 가문을 선정하여 왕족 남성은 문벌귀족의 딸과, 왕실 여성은 문벌귀족의 아들과 혼인할 것을 정하고, 문무양반(文武兩班) 가문은 동성과 혼인할 수 없으며, 외가 사촌에게 구혼하는 것은 구애되지 않는다고 했다.

그리고 7월에는 전면적인 관제 개혁을 실시했다. 충선왕은 즉위 교서에서 이 관제 개편이 자신이 원에 있으면서 원 제도의 영향을 받은 것임을 시사하고, 충렬왕 원년에 시행한 관제 개편의 불완전한 면을 보완하기 위한 것임을 밝혔다.

1309년(충선왕 원)에 소금전매제인 각염법(権鹽法)을 실시하여 부족한 재정을 확충하기도 했다. 충선왕 이전에는 소금 생산자인 염호(鹽戶)로부터 매년 일정액의 염세(鹽稅)만을 징수하는 징세제가 행해졌는데, 국가가 소금을 통제해 당시의 급박한 재정난을 해결하고자 한 것이었다. 각염법의 시행으로 전국의 모든 염분을 국가에 소속시키고 군현민을 징발해 염호로 삼았으며, 민부(民部)로 하여금 소금의 생산과 유통을 관리하게 했다.

충선왕은 원과 원 황제와의 관계를 적극적으로 활용해 자신의 국왕권을 강화시켰다. 충선왕은 1298년(충렬왕 24) 한 차례 폐위된 이후 원 황제와 원 조정의 정치세력들과 관계를 강화하는 데에 매우 적극적인 노력을 했다. 이를 바탕으로 그는 부왕 충렬왕과의 정쟁에서도 승리했고, 아들인 충숙왕에게 고려의 왕위를 물려주고 난 이후에도 고려의 국정을 주도했다. 그러나 이 과정에서 원 제후국으로서의 고려국 위상은 더욱 강화되었다. 원에서의 정치력 확보를 위해 원 황실과 정국에 지나치게 개입한 결과 충선왕 본인은 실각하게 되었고, 충숙왕의 국왕권에도 상당한 제약을 주었다.

충선왕은 조카인 왕고를 총애하여 세자로 삼았다가 심왕의 지위를 물려주었다. 이에 심왕 왕고는 충숙왕대에 고려 국왕의 자리에 마음을 두게 되었다. 일부 신료들은 심왕을 국왕의 지위에 옹립하려는 시도를 단행했다. 충선왕의 이러한 결정은 이후 고려 정국을 혼란하게 한 빌미를 제공한 셈이었다.

충숙왕(忠肅王)

고려왕조의 황혼, 원 세계제국 질서에 순응하다

고려 국왕의 자리를 놓고 사투를 벌이다

고려 27대 국왕인 충숙왕은 이름은 도(燾), 자는 의효(宜孝)이다. 몽골식 이름은 아라트나시리[阿剌訥式失里]이다. 1294년(충렬왕 20)에 태어나 1339년(충숙왕 복위8)에 사망했다. 충선왕과 의비(懿妃)의 차남으로 태어났다. 의비는 예쉬진[也速眞]이라는 이름을 가진 원 여성으로, 원에서 충선왕을 만나 두 아들을 낳았다는 사실 외에 출신성분을 알 수 없다. 일반적으로 원황실의 여성에게는 '공주'라는 존칭이 붙는데, 그녀는 공주로기록되지 못한 것을 볼 때 원 황실 출신은 아니었던 듯하다.

충숙왕은 원의 영왕(營王) 에센테무르[也先帖木兒]의 딸 복국장공주(濮國長公主), 위왕(魏王) 아목가(阿木歌)의 딸 조국장공주(曹國長公主), 경화공주(慶華公主) 등 3명의 원 공주와 혼인했다. 충숙왕이 3명의 공주와 혼인했던 것은 중혼(重婚)이 아니라, 배우자로 맞이한 공주가 계속 사망했기 때문이었다. 원 공주의 소생이 아니라는 점 때문에 정치적 기반이 취약했던 충숙왕은 부인으로 맞아들인 공주들이 차례대로 요절할 때마다 새로운 혼인대상을 물색하며 원 부마로서의 지위를 놓치지 않기 위해 노력했다. 충숙왕은 이 가운데 조국장공주와의 사이에서 용산원자(龍山元子)를 낳았다. 홍규(洪奎)의 딸 덕비(德妃, 후일 명덕태후)와 권형(權衡)의 딸 수비(壽妃)를 후궁으로 맞이했다. 덕비에 대한 사랑이 지극하여 그녀와의 관계 속에서 장남 충혜왕과 3남 공민왕을 낳았다.

　충숙왕은 원 제국의 간섭이 고려의 내정에 노골화되던 시기를 살았던 인물이다. 아버지 충선왕은 적극적으로 원 황실의 권력투쟁에 개입하여 자신의 기반을 확보했고, 이를 토대로 자신과 고려의 입지를 강화할 수 있었다. 그러나 충숙왕은 원 황실 권력의 향방에 따라 고려 국왕의 지위가 근본적으로 흔들리는 상황이었다. 충숙왕은 아버지·사촌 형제·아들과의 연이은 권력다툼, 원에서의 장기간 구류 등 일반적인 국왕이라면 경험하기 힘든 시련을 연속적으로 경험했다. 결국 천성적으로 강건하고 총명했다고 평가받던 그는 점차 권력에 염증을 느끼고 무기력한 삶을 이어갔으며 끝내 46살의 나이로 세상을 떠났다.

뜻하지 않은 왕위 계승

충숙왕은 1299년 강릉군(江陵君)에 봉해졌고, 이후 강릉대군이 되었다. 그의 친형인 세자 왕감(王鑑)이 왕위 계승 문제로 인해 1310년 부왕인 충선왕에게 살해당한 뒤에 정식으로 후계자가 되었다. 원 출신의 후궁 의비 소생으로, 차남이었던 충숙왕이 고려 국왕으로 즉위한 일은 뜻밖의 일이었다. 세자의 부재로 인해 그는 유력한 왕위 계승 후보가 되었고, 마침내 부왕으로부터 왕위를 물려받아 국왕으로 즉위했다. '선양'이라는 과정을 거침으로써 즉위 초년의 충숙왕은 무기력한 왕으로 전락했다.

애초에 충선왕도 본인의 의지로 충숙왕에게 왕위를 물려준 것이 아니었다. 원의 무종(武宗)을 옹립한 공으로 심왕에 책봉되었던 충선왕은 고려 국왕이 된 이후에도 심왕 지위를 포기하지 않은 채 원에 체류하며 원 황실에서의 정치적 입지를 확보하려고 했다. 그러나 원에서 고려왕과 심왕의 왕위를 가진 것에 대해 문제 삼고 고려로 귀국시키려 하자 어쩔 수 없이 충숙왕에게 왕위를 물려주었던 것이다. 이 과정에서 충선왕은 충숙왕의 실권을 약화시키기 위하여 조카 왕고를 세자로 삼았다. 또한 '상왕(上王)'으로 '전지(傳旨, 왕의 결정, 왕의 의사를 교지형식으로 전하는 것)'를 활용하여 고려의 중요한 사안들을 직접 처결했고, 충숙왕의 측근세력이 형성되는 것을 경계했다.

고려 국왕의 자리를 지키기 위한 싸움

충선왕 못지않게 충숙왕의 자리를 위협한 존재는 사촌 형제인 왕고였다. 왕고는 충숙왕 3년(1316)에 충선왕으로부터 심왕의 지위를 물려받고 충숙왕보다도 일찍 원 황실의 부마가 되었다.

왕고는 임바얀투구스의 모함으로 충선왕이 토번으로 유배되자 본격적으로 충숙왕을 위협하기 시작했다. 당시 충숙왕은 충선왕의 그늘을 벗어나 친정 체제를 구축하고자 권한공·채홍철(蔡洪哲)·배정지(裵廷芝) 등 충선왕의 측근들을 축출하던 중이었다. 이 기회를 노린 왕고는 권한공·채하중(蔡河中)·유청신·오잠(吳潛)과 같은 충선왕의 측근들을 자신의 주변에 결집시켜 세력을 키워 나갔다. 결국 심왕 왕고가 왕위 찬탈을 목적으로 충숙왕을 원나라에 무고했다. 1321년(충숙왕 8) 대도에 들어가 돌아오지 못하고 5년간 체류했다. 심왕은 충숙왕이 구류된 사이에 권한공과 채홍철을 고려로 파견하여 자신을 고려 국왕으로 삼도록 원 조정에 청원할 것을 신료들에게 강요했다.

복국장공주의 사망으로 부마로서의 위상을 상실하고 더욱이 사망 원인에 대한 문책까지 받고 있었던 충숙왕에게 이러한 왕고의 행동은 상당히 위협적으로 다가왔다. 하지만 윤선좌(尹宣佐)와 김륜(金倫) 등 고려의 대간(臺諫) 및 사한(史翰)이 강력하게 반발한 덕분에 심왕을 옹립하기 위한 움직임은 좌절되었다. 이에 심왕을 지지하던 일부 세력은 고려를 원의 지방 행성 단위로 편입시키자는 입성론(立省論)을 주장까지 했다. 고려 국왕의 자리를 두고 벌어졌던 권력다툼이 어느덧 고려의 국체(國體) 자체를 위협하는 결과를 초래했다. 다행히 이러한 논의는 원 조정에서도 비판적인 여론이 형성되고 고려에서도 이제현이 간절한 청원을 올리는 등의 노력을 편 끝에 중단되었다.

대를 이은 권력다툼과 그 상흔

3년 동안 원에 억류되었던 충숙왕은 1324년(충숙왕 11)에 마침내 귀국을 허락받았다. 그해에 충숙왕은 조국장공주와 재혼하여 원 부마로서의 지위를 회복했고, 이듬해인 1325년

(충숙왕 12) 5년 만에 고려로 돌아왔다. 하지만 기나긴 권력다툼으로 지쳐버린 충숙왕은 제대로 된 정치활동을 시작할 수 없었다. 여전히 심왕을 지지하는 세력들은 원에 머물며 그를 참소하고 있었고, 국내에서는 충숙왕의 왕위 유지를 강력하게 지원할만한 측근세력을 제대로 구축하지 못했다. 이에 충숙왕은 심왕에게 왕위를 선양하려는 마음까지 먹었다가 한종유(韓宗愈)의 만류로 뜻을 접기도 했다.

1330년(충숙왕 17)부터는 아들 충혜왕과의 권력다툼이 시작되었다. 정치활동에 염증을 느낀 충숙왕은 김지경(金之鏡)과 같은 일부 신하들의 권유에 넘어가 충혜왕에게 왕위를 선양했다. 그러나 그가 자신의 측근들을 축출하고 용산원자까지 위협하자 본격적으로 충혜왕과 충돌했다.

충숙왕의 분노는 명덕태후에게까지 미쳐서 그녀를 시골에 유폐하고 아들과의 만남을 금할 정도였다. 결국 원 조정의 정세 변화와 맞물려 충혜왕이 폐위되자 충숙왕은 고려 국왕으로 복위하여 윤석(尹碩)·김지경 등 충혜왕의 측근을 축출했다. 부자간의 권력다툼이 충숙왕과 충혜왕 사이에서 다시 한번 재현된 것이다.

아버지·사촌 형제에 이어 아들과도 권력을 두고 다투어야만 했던 충숙왕은 복위 후 은둔생활을 이어가다 복위 8년 만인 1339년(충숙왕 후8)에 사망했다. 이 시기 동안 그는 노골적으로 주변에 사람이 오는 것을 꺼려했고, 원과의 관계에 대해서도 소극적으로 대처했다.

원에서 파견한 사신을 마중하지 않거나 원에 조회하러 가는 것을 꺼려하여 행렬을 지체시키는 등 부마로서의 지위를 유지하기 위하여 노력했던 과거와는 상당히 다른 모습을 보였다. 연이은 권력다툼이 남긴 상흔 속에서 무기력한 말년을 보냈다.

그러나 충숙왕은 1318년부터 원나라에 보내는 무리한 세공을 삭감하기도 했고, 당시 백성들의 큰 고통이었던 공녀나 환관들을 원나라로 보내는 것을 줄여 달라고 청원하기도 했다. 제주도에서 사용(使用, 또는 土用)·김성(金成) 등이 반란을 일으키자 이를 진압했다. 같은 해 폐단이 많았던 사심관 제도를 폐지했으며, 제폐사목소(除弊事目所)를 설치했다가 찰리변위도감(察理辨違都監)으로 고쳐 권문세족이 점령한 땅을 색출한 뒤 원래 주인에게 돌려주도록 했다. 채무에 있어서 고리대금업을 막아 이자가 원금에 상당할 때는 정지시키는 등 단속에 힘을 기울였다. 또한 1319년에 성리학을 도입한 안향(安珦)의 공적을 기념하기 위하여 궁중의 원나라 화공(畫工)에게 명해 안향의 화상을 그리게 하고, 문묘에 배향했으며, 1320년 환관들이 점탈한 전민(田民)을 환원하기 위하여 화자거집전민추고도감(火者據執田民推考都監)을 설치했다.

개인적으로는 글씨와 문장에 두루 능했으며, 성품은 침착하고 총명하며 결단력이 있었다고 하지만 그 평가에 걸맞은 뚜렷한 정치적 활약을 보여주지는 못했다. 원간섭기의 모든 국왕이 그랬던 것처럼 고려-원의 관계에서 원 제국질서에 순응해야 하는 고려 국왕의 현실을 뛰어넘지는 못했다.

그러나 고려의 국왕들 중 왕위에 있다가 정상적으로 승하한 사실상 마지막 국왕이다. 그를 이은 충혜왕은 원나라에서 폐위시켜 귀양 도중에 의문사했고, 충목왕 역시 즉위한지 겨우 4년 만인 12살로 세상을 떠났다. 충정왕 역시 재위 3년 만에 15살의 나이로 폐위되어 공민왕에게 살해당했고, 공민왕 역시 자제위에 살해당했다. 우왕, 창왕, 공양왕은 처형당하는 비운을 겪었다.

충혜왕(忠惠王)

망나니라 불린 국왕, 두 번의 즉위와 폐위

악소배를 가까이 한 국왕

고려 28대 국왕인 충혜왕은 이름은 정(禎)이고, 몽골식 이름은 부다시리[普塔失里]이다. 1315년(충숙왕 2)에 태어나 1344년(충혜왕 복위5) 유배 도중에 사망했다. 충숙왕과 명덕태후 홍씨 사이의 맏아들로 태어났다. 비는 원의 관서왕(關西王) 초스발[焦八]의 딸 덕녕공주(德寧公主)와 윤계종(尹繼宗)의 딸 희비(禧妃), 홍탁(洪鐸)의 딸 화비(和妃)와 상인(商人) 임신(林信)의 딸 은천옹주(銀川翁主)이다. 덕녕공주 소생의 흔(昕, 충목왕)과 장녕공주(長寧公主), 희비 소생의 저(眂, 충정왕), 출생미상의 석기(釋器)가 있다.

충혜왕은 고려 정치에 끼친 원나라의 영향력이 강력했던 14세기 전반에 두 차례 왕위에 있었다. 첫 번째 재위 기간은 1330년(충숙왕 17)부터 약 2년 정도였고, 두 번째 본격적인 재위는 충숙왕이 죽은 뒤인 1340년(충혜왕 후 원)부터 약 3년 반 정도 이어졌다. "악소배들을 가까이하고 황음무도했다"라는 『고려사』 찬자의 평가대로, 그의 생애는 기행에 가까운 온갖 악행으로 점철되어 있다. 그러나 그대로 믿을 수는 없다.

두 차례의 즉위에도 불구하고 거듭 폐위된 것은 그의 악행 탓도 있었지만, 원의 정국 변동과도 크게 연관되어 있었다. 왕위에서 쫓겨난 뒤에는 멀리 중국의 남쪽으로 유배를 가던 도중에 죽었으나, 그의 죽음을 슬퍼하는 이가 아무도 없었다고 한다. 그러나 그가 내린 조치 중에는 상업을 부흥시키고 국가 재정을 확충하려는 시도로 볼 수 있는 정책들도 보인다.

원에 의해서 이루어진 첫 번째 즉위와 폐위

충혜왕은 1328년(충숙왕 15) 2월, 세자의 신분으로 원나라 수도인 대도(大都)에 가서 황제의 숙위를 담당하게 되었다. 그의 아버지, 할아버지와 마찬가지로 즉위 이전에 황제의 측근에서 몽골의 권력자, 엘리트들과 교제하며 몽골 황실에 대한 충성을 보이고, 고려 국왕으로 즉위할 준비를 하는 단계였다. 충혜왕이 이후 자신의 후원자가 될 몽골의 권력자 엘테무르[燕帖木兒]를 만나게 된 것도 이때의 일이었다.

그가 15살이 되던 1329년(충숙왕 16), 충숙왕이 아들에게 양위할 뜻을 표했다. 이에 이듬해 2월, 충혜왕은 '개부의동삼사 정동행중서성좌승상 상주국 고려국왕(開府儀同三司征東行中書省左承相上柱國高麗國王)'으로 책봉되어 국왕인(國王印)을 받았다. 다음 달에는 원의 관서왕(關西王) 초스발[焦八]의 맏딸과 혼인했다. 그가 덕녕공주(德寧公主)이다. 당시 충혜왕은 원에 머물고 있었는데, 귀국하여 고려에서 즉위식을 거행한 것은 그로부터도 6개월이나 지난 후의 일이었다.

충숙왕이 자신의 병을 이유로 아들에게 양위하는 형식을 취했지만, 실상은 재위 기간 내내 부왕인 충선왕과 원 조정의 끊임없는 간섭을 받았고, 심왕을 추대하려는 세력으로부터 압박을 받아왔다. 이 과정에서 당시 원 황실과 조정에서는 황위 계승을 둘러싸고 치열한 정쟁이 벌어지고 있었다. 1320년부터 1333년까지 13년 동안 무려 7명의 황제가 차례로 교체되는 상황이었다. 원에서 태정제(泰定帝)가 갑자기 사망하고 문종(文宗)이 즉위하며, 거기에 공을 세운 엘테무르가 집권하게 되면서 고려 국내의 정치세력들도 충혜왕을 중심으로 결집하게 되었다. 또한 충혜왕과 혼인한 덕녕공주의 집안 역시 엘테무르 정권을 적극 지지하고 있었다. 이러한 정국에서 충혜왕은 고려 국왕의 자리에 한걸음 더 가까이 갈 수 있었고, 결국 충숙왕이 물러나게 되었다.

왕위에 오른 충혜왕은 1331년 가치가 너무 커서 화폐로 쓰이기 불편한 은병(銀甁)의 통용을 금하고, 오종포(五綜布, 올이 다섯 가닥인 베) 15필에 해당하는 소은병(小銀甁)을 통용하게 하는 정책을 실시했다. 또 행정조직을 개혁하고, 5도(道)에 소금을 관리하는 염장도감(鹽場都監)을 설치하기도 했으며, 원나라의 쌍성(雙城), 요양(遼陽), 심양(瀋陽) 등지에 살고 있는 고려인들을 귀환해줄 것을 요청하는 등 새로운 정치를 하려는 의지를 보였다.

그러나 충혜왕의 첫 번째 재위 기간은 오래 가지 못했다. 빌미가 된 것은 국왕의 악행이었고, 그를 왕위에서 끌어내린 것은 원 조정이었다. 더구나 왕위를 빼앗긴 부왕 충숙왕은 원에 머물면서 자신의 반대파였던 심왕의 세력들을 포섭하는 등 자리를 되찾기 위한 노력을 하고 있었다. 이때 뜻하지 않은 사건이 벌어졌다. 고려의 대청도(大靑島)에 유배되어 있던 몽골 황실의 잠재적인 황위 계승자인 토곤테무르[妥懽帖睦爾]가 원 조정에 충혜왕이 그를 옹립하고자 반역을 도모하고 있다고 무고한 것이다. 이 사건을 계기로 충혜왕은 즉위한 지 2년 만에 왕위에서 쫓겨났다.

두 번째 즉위와 온갖 악행

2년 만에 폐위된 충혜왕은 곧바로 원나라로 떠나 다시 황제의 숙위를 담당하게 되었다. 그러나 곧이어 그를 지지해주던 엘테무르가 사망하고, 그의 정적이었던 바얀[伯顏]이 집권하게 되면서 상황이 바뀌었다. 바얀은 엘테무르 가문을 포함해서 충혜왕과 친밀한 관계를 유지하고 있던 세력들을 모조리 제거해버렸다. 이때 충혜왕은 엘테무르의 자제, 위구르[回鶻]의 젊은이들과 술을 마시면서 희롱하다가 어떤 회골 여인[婦人]과 사랑을 나누다 간혹 업무인 숙위에 빠지기도 했다. 바얀은 이를 빌미로 그를 '발피(撥皮, 망나니 또는 호협(豪俠)한 자)'라고 하며, 황제에게 "왕정은 평소 행실이 나빠서 숙위에 누를 끼칠까 우려되니, 그 아비가 있는 곳으로 보내 올바르게 지도해야 합니다"라고 건의까지 했다. 결국 1336년(충숙왕 후5), 충혜왕은 고려로 돌아오게 되었다.

부왕과의 사이는 여전히 좋지 않았다. 충숙왕은 자신의 아들을 냉대했지만, 죽음을 맞이하는 순간에는 충혜왕에게 왕위를 계승시키라고 유언했다. 그러나 고려의 왕위는 더 이상 전왕의 유언에 따라 결정될 수 있는 것이 아니었다. 충숙왕이 눈을 감은 것은 1339년(충숙왕 후8) 3월의 일이었으나, 충혜왕이 왕위를 잇는 것으로 결정된 것은 그해 11월이었다.

충혜왕은 1340년(충혜왕 후원) 정월에 원 조정에 소환되어 형부(刑部)에 수감되는 위기가 있었다. 원 조정의 최고 권신이었던 바얀이 주도한 것이었다. 그러나 다음 달인 2월에는 상황이 급격히 변했다. 바얀의 전횡에 불만을 품고 있었던 그의 조카 톡토[脫脫]가 바얀을 축출해버렸다. 그리고 톡토의 주청으로 충혜왕은 석방되어 2개월 만에 정식으로 고려 국왕에 복귀할 수 있었다.

복위 이후 충혜왕은 이전과 다르게 상식을 벗어난 악행을 저질렀다. 우선 그는 각종 오락을 즐긴 것으로 유명하다. 『고려사』의 기록 가운데 상당 부분이 사냥에 대한 것으로 채워져 있다. 물론 사냥은 그 자체로 악행이라고 할 수 없고, 당시 몽골의 황제들도 주기적으로 사냥을 통해 숭무(崇武)의 정신을 떨치려 했다고 한다. 문제는 왕의 사냥을 함께한 이른바 악소(惡小) 무리의 무절제한 행동 탓에 민간에 끼친 해악이 매우 컸다는 데에 있었다.

또한 격구(擊毬)나 수박(手搏)의 관람을 즐겼던 탓에, 여기에 가담하는 자들의 횡포를 막을 수 없었다. 무엇보다 문제가 되었던 것은 그의 황음무도함이었다. 『고려사』에는 그가 수많은 부녀자를 간음했다는 사실을 전하고 있다. 그 대상에는 조정의 중신들이나 국왕 측근 신료들의 아내들도 많이 포함되어 있었다. 심지어 충혜왕은 부왕인 충숙왕의 부인이었던 몽골인

경화공주도 간음했다. 이 사실이 빌미가 되어, 당시 왕위를 노리고 심왕과의 모의 하에 정승 조적(曹頔)이 난을 일으키기도 했다. 국왕의 악행이 그치지 않자 그 주위의 악소배들이 왕을 사칭하고 부녀자들을 간음하는 일까지 일어나기도 했다.

두 번째 폐위와 유배, 그리고 죽음

충혜왕이 악행을 거듭하고 무리한 토목공사를 일으키는 등 실정을 반복하자, 고려 신료들의 마음이 그로부터 떠나게 되었다. 이들 가운데에는 기황후(奇皇后)의 형제인 기철(奇轍)을 비롯하여 원나라와 밀접한 관계를 맺고 있었던 인물들도 포함되어 있었다. 특히 기황후는 바얀이 축출된 직후인 1340년(충혜왕 후 원년) 4월, 정식으로 황후에 책봉되었다. 그와 동시에 고려 국내에서도 기씨 가문의 세력이 급격히 커가고 있었다.

그러나 충혜왕은 기씨 가문과 그다지 좋은 관계를 맺지 못했다. 1341년(충혜왕 후2) 11월에는 기황후의 형제인 기륜(奇輪)과 충돌하여, 그의 집을 헐어버리기까지 했다. 이러한 갈등이 계속되자 기철을 비롯한 일부 신료들은 충혜왕의 황음무도함을 언급하면서 고려에 원나라 내지와 같이 행성(行省)을 설치할 것을 주장하기도 했다. 이른바 '입성책동(立省策動)'이라는 것이다.

이러한 국내외의 반발에, 원 조정에서도 충혜왕을 더 이상 방치할 수 없다고 판단했다. 1343년(충혜왕 후4) 10월에 원의 사신으로 고려 출신인 환관 고용보(高龍普)가 기습적으로 충혜왕을 체포하고 왕위를 거두어들였다.

국왕이 구타를 당하며 쫓겨나는 상황에서도 고려의 신료들 가운데 이를 적극적으로 저지하려는 이는 거의 없었다. 오히려 충혜왕이 원나라로 압송되어 가던 도중 숙주(肅州)에 이르러 지방관에게 이불을 요구하자, 그는 "왕이 탐욕과 음행 때문에 죄를 받는데 도리어 내 이불을 빼앗으려 한다"며 항의할 정도였다.

충혜왕은 원의 대도에 끌려가 순제로부터 "너 왕정(王禎)은 왕이 되었으면서도 백성을 매우 심하게 착취했으니, 비록 너의 피를 천하의 개들에게 먹인다고 해도 오히려 부족하다[雖以爾血 天下之狗 猶爲不足]. 그러나 짐은 살생을 좋아하지 않으므로 너를 게양으로 유배 보내는 것이니, 너는 나를 원망하지 말고 가도록 하라"는 질책을 당하고서야 게양현(揭陽縣, 광동성 潮州 지역)으로 유배되었다. 이곳은 수도에서 2만여 리나 떨어진 곳으로, 당시로서도 가장 무거운 죄인들의 유배지였다. 유배 길에는 수행하는 자가 하나도 없어 왕은 자기 손으로 옷보따리를 가지고 가야 했다.

결국 그를 싣고 가던 수레[檻車, 죄수를 운반하는 수레]가 너무 빨리 달리는 바람에 왕이 온갖 고통을 겪다가 이듬해인 1344년(충혜왕 후5) 정월 병자일, 23일 만에 악양현(岳陽縣, 호남성 악양)에서 죽고 말았다. 이때 그의 나이는 30살이었다.

충혜왕의 사망 소식이 고려로 전해졌으나, 그 소식을 들은 나라 사람들은 아무도 슬퍼하지 않았다고 한다. 오히려 어떤 백성들은 기뻐하기도 했다. 그가 백성들의 인심을 잃었던 것은 분명한 것 같다.『고려사』의 찬자는 그의 세가 말미에 "왕은 성품이 호협하고 주색(酒色)을 좋아했으며 놀이와 사냥에 탐닉했다. 황음무도(荒淫無度)하여 남의 처나 첩이 아름답다는 소문을 들으면 그 사람이 가까운 사람인지[親疏] 귀한지 천한지에 관계없이 모두 들여서 후궁(後宮)으로 삼았는데 거의 100여 명이나 되었다. … 신궁(新宮)을 짓는 공사에서는 깃발을 벌여 놓고 북을 설치한 다음 친히 담에 올라가서 감독했다. 궁이 완성되자 각 도에서 옻칠을 거두어 들였고, 단청을 칠할 물감을 기한보다 늦게 가져온 사람에게는 몇 배의 베를 징수했다. 관리들은 이를 기회로 간사해졌으며 백성들은 근심하고 원망했다. 군소(群小)들은 출세하고 충직한 사람들은 배척당했으며, 한 사람이라도 직언하는 자가 있으면 반드시 죽여 버렸으므로 사람들마다 죄를 얻을까 두려워하여 감히 말하는 자가 없었다"라고 혹평했다.

충혜왕에 대한 이러한 평가는 그가 보인 모습이 유교적인

정치이념에서 요구하는 올바른 군주상과 어긋난 까닭에『고
려사』의 편찬자들이 의도적으로 부정적인 면모만을 부각시킨
탓도 있었다. 그러나 그의 행동은 당시의 고려 사회가 바라던
국왕의 면모와는 분명 다르다. 그러나 그가 두 차례나 왕위에
올랐다가 두 차례나 폐위되는 비운을 겪었던 것은, 당시 고려
왕위의 향배를 비롯한 고려의 정치 상황이 원나라 조정과 매
우 밀접하게 관련되어 있었던 것이 가장 큰 이유이다.

일반적으로 충혜왕에 대해서는 왕이 음행을 일삼았다는 사
실 때문에 부정적으로 인식되고 있다. 하지만 정치 운영과 정
책 시행에는 긍정적인 면도 있었다. 충혜왕은 상업 활동의 진
흥과 유통 구조의 개선을 통해 재정을 확충했고, 공신들에게
나누어 준 사급전(賜給田)의 혁파 등 토지 문제의 근본적 해결
방안을 제시했다. 더불어 각종 세목을 신설해 권력층을 견제
했다. 원의 간섭으로 폐위당한 경험이 있어 악소배를 비롯한
측근세력의 육성을 통해 왕권 강화를 꾀하려 했으나, 이 과정
에서 친원세력인 기철과 고용보와 대립하게 되었다.

이 같은 정치 상황 속에서 충혜왕은 고용보 등에 의해 체
포당하여 원에 압송되었고 곧 악양현에 유배되었다가 사망했
다. 기철 등 친원세력은 충혜왕의 왕권 강화로 자신의 권한이
위축당하자 왕을 체포하는 극단적인 방법을 동원하여 위기
국면을 벗어나고자 한 것이었다. 원으로서도 충혜왕의 개혁

정치가 원나라의 고려 종속 정책에 고려와 원의 종속관계에서 일정한 수준을 벗어난 것으로 받아들인 결과였다. 결국 충혜왕의 폐위와 죽음에는 원의 고려에 대한 종속 정책과 친원 세력의 정치적 이해관계가 함께 개입되어 있었다.

충목왕(忠穆王)
짧았던 삶, 좌절된 개혁 열망

원의 지지를 받은 어린 국왕

고려 29대 국왕인 충목왕은 이름이 흔(昕)이며, 몽골식 이름은 바스마도르지[八思麻朶兒只]이다. 1337년(충숙왕 복위 6)에 태어나 1348년(충목왕 4)에 사망했다. 충혜왕과 덕녕공주(德寧公主) 사이에서 맏아들로 태어났다. 덕녕공주는 원 관서왕(關西王) 초스발의 딸이자 세조 쿠빌라이의 고손녀로서 충혜왕과 혼인을 하여 충목왕과 장녕공주(長寧公主)를 낳았다. 장녕공주는 원의 노왕(魯王)에게 시집갔다가 원이 멸망하면서 북평(北平)에서 실종되었다. 공민왕이 사신을 보내 찾아줄 것을 요청하자, 명 태조가 환관을 보내 군대를 동원해 북경(北京)에서 찾아내 귀환시켰다.

1344년(충혜왕 5) 2월에 고용보가 왕흔을 안고 원 순제에게 보이자, 순제가 "너는 아버지를 배우려는가, 아니면 어머니를 배우려는가?"라고 묻자, 왕흔이 "어머니를 배우길 원합니다"라고 했다. 이를 들은 순제가 마침내 왕위를 계승하게 했으니, 나이는 8살이었다.

충목왕은 고려에 대한 원의 내정간섭이 절정에 다다른 시기를 살았다. 그의 즉위 이전 충렬왕부터 충혜왕에 이르는 고려 국왕들은 원의 정세 변화와 더불어 불안정한 왕위에 있어야 했다. 원 황실에서 누가 권력을 장악했는가에 따라 국왕의 폐위나 복위가 결정되는 상황이 고려 왕실에서는 수십 년 동안 반복되어 왔다. 심지어 충숙왕과 충혜왕 시기에는 심왕 왕고를 지지하는 세력이 그를 고려 국왕으로 옹립하고자 획책했으며, 아예 고려를 원의 지방 행성 단위로 만들자는 입성론까지 제기하여 고려를 위기에 빠뜨렸다. 이처럼 내우외환이 거듭되는 가운데 충목왕은 8살의 어린 나이로 고려 국왕의 자리에 올랐다. 그리고 고려의 국정을 바로잡아야 하는 시대적 사명을 떠안게 되었다.

어린 국왕의 갑작스러운 즉위

충목왕은 원 황실 출신의 공주를 어머니로 두었기 때문에 차후 왕위를 계승하는 것은 자연스러웠다. 그는 세자로 책봉되어 충분한 국왕 교육을 받은 뒤 충혜왕의 뒤를 이어 왕위에 올랐을 것이다. 그리고 전례대로 원 황실의 공주를 아내로 맞이하여 부마의 자격도 획득해야 했다. 하지만 그가 즉위하는 과정에서는 이러한 것은 이루어지지 않았다. 그의 즉위는 고려의 입장에서 볼 때 너무나 갑작스러운 일이었기 때문이다.

충목왕의 아버지 충혜왕은 방탕한 행위로 인해 한 차례 폐위된 바 있음에도 복위 후 음란한 행동을 지속하고 사리사욕을 채우는 데에만 힘쓰다 또다시 원의 신임을 잃었다. 충혜왕은 충숙왕의 유명(遺命)으로 고려 국왕의 자리는 이어받았지만, 아직 원의 인정을 받지 못한 상태에서 의붓어머니 경화공주(慶華公主)를 강간하는 등 각종 악행을 저질러 심왕 일당에게 심왕을 추대할 수 있는 좋은 빌미를 제공했다.

또한 원 순제(順帝)의 제2 황후였던 기황후의 일족을 강간했을 뿐만 아니라 후궁 은천옹주(銀川翁主)의 아버지 임신(林信)이 기황후의 오빠 기륜(奇輪)을 구타했을 때 임신을 두둔하는 등 노골적으로 기씨 일족과 적대적인 관계를 형성했다. 나아가 궁궐에 맷돌과 디딜방아를 설치하고 수공업을 주관함으

로써 상업·무역을 통한 식리(殖利) 추구에 적극 앞장섰다. 이
러한 충혜왕의 악행은 기씨 일족에 의해 원 황실에 알려져 원
내부에서 그의 입지를 약화시켰다. 결국 1343년(충혜왕 후4)
11월, 사신 고용보에 의하여 충혜왕이 원으로 압송됨에 따라
고려는 국왕이 없는 상태에 빠져들었다.

이듬해 정월에 충혜왕은 황제의 명을 받아 결국 게양현으
로 귀양을 가던 도중 사망했다. 원 황실에서는 차기 고려 국왕
으로 누구를 추대할 것인지가 초미의 관심사로 떠올랐다. 충
혜왕의 아들이자 원 황실의 자손으로 충목왕이 있었지만, 그
는 나이가 어리다는 결정적 단점을 갖고 있었다. 또한 원 황실
의 공주를 아내로 맞이하지 못했으므로 일찍이 원 황실의 부
마가 된 심왕 왕고보다도 불리한 위치에 있었다.

이러한 악조건 속에서 고용보의 품에 안겨 원 순제를 알
현한 충목왕은 아버지와 어머니 중 누구를 배우겠느냐는 순
제의 질문에 어머니를 배우겠다는 대답을 하여 왕위 계승을
허락받았다. 비록 8살의 어린아이에 불과했지만, 아버지의
비극이 어디에서 연유했는지를 명확히 인지할 만큼 그는 총
명했다.

원의 지지를 받은 개혁정치의 좌절

즉위 직후 충목왕은 어머니 덕녕공주와 더불어 충혜왕의 유산을 청산하는 데 힘썼다. 물론 8살의 그가 주도적으로 정치를 했다고 보기는 어렵다. 당시 조정의 중신들과 협력하며 개혁을 추진했다고 보는 편이 합리적이다. 그는 교서를 내려 국내의 신료들로 하여금 국정을 바로잡고 백성을 구휼할 수 있는 방안을 제출하도록 한 뒤, 한범(韓范)·장송(張松)·정천기(鄭天起)와 같은 선대의 폐행들을 축출하여 기존 정치와의 단절을 꾀했다. 당시 그가 추구했던 개혁정치의 내용은 이제현의 글에 집약적으로 담겨 있다. 이제현은 보흥고(寶興庫)·덕녕고(德寧庫)와 같은 충혜왕의 사적 이익에 봉사하기 위하여 설치되었던 기구들의 청산, 정방(政房)의 폐지, 녹과전(祿科田)의 정상화 등 정치적·경제적 차원의 대대적 개혁안을 제시했다.

충목왕은 그의 의견을 대부분 반영하여 이후의 개혁정치를 전개했다. 순차적으로 충목왕은 보흥고·덕녕고·응방(鷹坊) 등 백성 수탈의 중심축이었던 기관들을 폐지하고 그곳에서 차지했던 토지와 노비를 본래의 주인에게 돌려주었다. 또한 정방을 혁파하여 인사를 전리사(典理司)와 군부사(軍簿司)에 분담시켰으며, 부당하게 권세가들에게 빼앗긴 녹과전(祿科

田)을 주인에게 돌려주었다. 이로부터 여러 대에 걸친 측근정치로 무너져 내렸던 고려의 국정이 비로소 활력을 띠고 제자리를 찾아가는 듯했다.

그러나 오랜 시간 산적된 경제와 사회적 폐단은 쉽게 해결되지 않았다. 1345년(충목왕 원) 12월, 우정승(右政丞)으로서 충목왕 즉위 후의 정국을 주도해오던 왕후(王煦)가 파면됨에 따라 의욕적으로 추진되던 개혁정치는 주춤했다. 당시 왕후는 정방과 과전을 폐지하는 일에 앞장섰다가 권세가들의 미움을 받아 파면되었다.

개혁 관료를 주도한 정치도감의 실패

더디어가던 충목왕의 개혁정치는 정치도감(整治都監)의 설치를 계기로 소기의 목적을 이룩했다. 정치도감은 1347년(충목왕 3) 원 황제의 명령에 따라 설치되었던 개혁 기관이었다. 왕후·김영돈(金永旽)·안축(安軸)의 주도 하에 운영되었으며 원 황제의 지지에 힘입어 폭넓은 활동을 펼쳤다. 정치·경제·사회의 세 분야에서 총 12개 항목을 중심으로 활동을 전개했다. 당시 정치도감 관원들은 각지에 관리를 파견하거나 몸소 지방관이 되어 외방 관리들의 횡포 및 정동행성의 자의적 수탈을 방지했고, 토지를 점탈하거나 양인을 노비로 만든 권세가들을 처단했다. 원 황제의 지지를 기회로 삼아 충목왕 즉위 직후의 개혁활동을 이어가는 것이 정치도감 활동의 주요 임무였다.

정치도감은 3개월에 걸쳐 과감하게 권세가들을 처단하며 소기의 목적을 달성했다. 하지만 이러한 과감성은 곧 정치도감의 활동에 장애가 되었다. 기황후의 일족 기삼만(奇三萬)이 정치도감에서 장형을 받고 사망하는 사건이 발생한 것이다.

기삼만의 죽음은 충목왕과 개혁 신료에게는 예기치 못한 사건이었다. 원과의 마찰을 염려할 수밖에 없었기에 충목왕은 정치도감 관원인 서호(徐浩)와 전녹생(田祿生)을 가두어 그 책임을 물어야만 했고, 원 역시 사신을 파견하여 진상을 규명하고자 했다. 이로부터 정치도감 활동은 위축되었다. 원 황제가 다시 정치도감을 두었으나 한 차례 고초를 겪었던 정치도감 관원들은 이전처럼 의욕적으로 활동을 펼칠 수 없었다. 결국 1348년(충목왕 4) 12월, 충목왕이 12살의 나이로 사망하자 정치도감 활동 또한 막을 내렸다.

국왕의 자리에 올랐지만 나이가 어려서 모후인 덕녕공주가 섭정을 펼쳤다. 선대 충혜왕 때 만들어진 여러 정치적 폐단을 시정하는데 힘썼고, 정치도감을 설치하여 권문세족들로 인해 유명무실해진 토지제도를 개혁하고, 이들이 독점하던 녹과전의 폐단을 시정하여 원래 주인들에게 돌려주었다. 토지 측량을 위한 양전(量田) 사업을 벌이기도 했으며, 나라에 기근이 들자 적극적으로 구휼하는 한편 선대인 충렬왕·충선왕·충숙왕 등 『3대 실록』에 대한 편찬을 시작하는 동시에 서연(書筵)을 개최하여 학문의 진흥도 시도했다.

충목왕은 어머니의 섭정 속에서도 국왕으로서의 자질과 치적을 쌓아갔지만, 재위 4년 만인 1348년 10월에 병이 들었고, 2개월 뒤인 12월에 김영돈의 집에서 12살의 어린 나이로 사망했다. 사인은 전염병이라고 되어 있는데 충목왕 당대에 전 세계에 유행한 흑사병이라는 설이 유력하다.

충정왕(忠定王)

삼촌 때문에 쫓겨난 어린 국왕

삼촌과 왕위 계승을 다툰 어린 조카

고려 30대 국왕인 충정왕은 이름이 저(胝)이고, 몽골식 이름은 미스젠도르지[迷思監朶兒只]이다. 1338년(충숙왕 복위7)에 충혜왕과 희비(禧妃) 윤씨 사이에서 태어났다. 즉위할 때 나이가 12살이었으며, 2년 6개월 남짓 재위했다가 삼촌 공민왕으로부터 왕위에서 밀려나서 강화도로 추방되었다가 이듬해 독살당했다. 고려 정치에 대한 원나라 조정의 영향력이 마지막 최고조에 달했던 시기에, 원나라에 의해 임명되고 물러나 희생을 당한 기구한 운명의 어린 왕이었다.

충정왕은 그의 아버지 충혜왕이 폭정을 거듭한 끝에 원 조정에 의해 폐위되어 멀리 귀양을 가고, 뒤이어 충혜왕과 덕녕공주 사이에서 태어난 아들이 즉위했으니, 그가 충정왕보다 한 살 위의 형인 충목왕이다. 1344년(충목왕 즉위) 즉위했으니, 그의 나이는 겨우 8살이었으나, 재위 4년 만인 1348년(충목왕 4) 12월 어린 나이로 죽었다.

고려의 중신들은 이제현을 곧바로 원 조정에 사신으로 보내 다음 국왕을 세워줄 것을 요청했다. 이때 후보의 대상은 충숙왕의 아들이자 충혜왕의 동복아우인 왕기(王祺, 공민왕)이었고 충혜왕의 서자이자 충목왕의 이복동생인 왕저(王眂, 충정왕)이었다.

고려 신료들은 내심 젊고 야심찬 왕기를 지지했다. 그러나 원 조정에서는 이듬해 2월, 당시 개경에 머물고 있던 왕저에게 입조(入朝)할 것을 명했다. 다음 왕이 될 자질이 있는지 직접 시험해보겠다는 의사를 밝힌 것이었다. 왕기의 즉위를 기대하던 고려의 신료들은 왕저가 원의 수도 대도(大都)로 가는 것을 저지하려 했다.

그러나 오랫동안 원과의 밀착을 통해 권력을 다져온 친원세력인 노책(盧頙)·최유(崔濡), 그리고 그의 외당숙 윤시우(尹時遇) 등이 그를 호위하여 끝내 원 조정에 들어갔다. 결국 원나라 황제는 왕저로 하여금 왕위를 잇게 했다. 전왕인 충목왕이 죽고 나서 6개월 만의 일이었다. 충정왕은 두 달 후인 7월 고려로 돌아와 정식으로 즉위했다.

어린 임금을 연달아 왕으로 선택하다

충정왕이 12살의 어린 나이로 즉위하자, 정권은 그를 옹립하는 데 공을 세운 이들의 손에 쥐어졌다. 충정왕의 입조를 성사시켰던 이들은 세 부류로 나눌 수 있다. 첫째는 노책과 최유로 대표되는, 이른바 친원세력들이다. 둘째는 손수경(孫守卿), 이군해(李君侅) 등 충혜왕대부터 국왕의 측근에서 활동했던 인물들로, 이들은 충혜왕비인 덕녕공주의 신임을 얻어 다시 득세했던 것으로 보인다. 셋째는 충정왕의 외당숙인 윤시우와 그의 모후인 희빈 윤씨의 외삼촌인 민사평(閔思平) 등 국왕의 외척들이었다. 이들이 재상직을 독차지하면서 충목왕대에 정치도감을 중심으로 개혁을 추진했거나, 충목왕의 다음 왕으로 왕기를 지지했던 관료들은 대부분 유배를 보내는 등 정계에서 제외시켰다.

그런데 이 세 세력 사이의 공존은 오래가지 못했다. 논공행상에 뒤이어 터져 나온 권력다툼은 원나라 사신을 위해 국왕이 베푼 연회 자리에서 일어났다. 덕녕공주가 원으로 돌아간 뒤인 1350년(충정 2) 8월 배전(裵佺)과 최유(崔濡)가 서로 다투

며 말리는 민사평(閔思平)을 구타할 정도였다. 국왕이 보는 앞
에서 주먹다짐을 벌인 것이다.

치열한 정치적 갈등 속에서 우선 노책과 최유와 같은 이들
이 권력의 중심에서 멀어졌다. 그 대신에 당시 '제윤(諸尹)'이
라고 지목된 왕의 모후인 희빈 윤씨를 중심으로 한 외척들이
정권을 장악했다. 특히 윤시우는 '윤왕(尹王)'이라고 일컬어질
정도로 권력을 농단했다. 즉위 초반에는 덕녕공주가 섭정을
했으나, 그녀가 1350년(충정 2)에 원으로 돌아간 이후 더욱 두
드러졌다. 이들은 1349년 8월 정치도감을 폐지하고, 희빈 윤
씨를 위한 경순부(慶順府)를 설치했다.

국내 정치가 기강을 잃고 흔들리고 있을 당시, 고려를 둘
러싼 국제정세 역시 변화했다. 우선 중국 대륙에서는 1330년
대 이후 거듭된 자연재해가 몽골제국에 정치·경제적으로 심
각한 타격을 주었다. 특히 1344년(충혜왕 5)에 홍수로 황하의
수로가 바뀌는 재앙이 발생하면서 강남의 곡창지대로부터 화
북의 정치 중심지로 쌀 등을 공급하던 대운하의 통행이 막혀
버리는 사태가 벌어졌다. 이를 바로잡기 위한 대공사에 무려
20만 명에 달하는 인부가 동원되었고, 여기서 싹트기 시작
한 반란은 1350년대부터 본격적으로 터져 나왔다. 이른바 머
리에 붉은 따를 두른 '홍건군(紅巾軍, 홍건적)'이 일어난 것이
1351년(충정왕 3)이었다. 이때부터 원나라는 대륙 전체에 걸친

반란에 무능력하게 대응하면서 쇠퇴의 길로 접어들게 되었다.

바다 쪽으로도 1350년(충정왕 2) 2월부터 남해안 일대의 노략질을 시작으로 왜구의 침입도 본격적으로 시작되었다. 1336년(충숙왕 복위4) 일본이 남북조시대로 접어들면서 중앙 정부의 통제력이 규슈 일대에까지 미치지 못하게 되자 오랫동안 전쟁에 시달리던 이 일대의 일본인들은 식량 확보를 위해서 한반도와 중국 남부의 연안지역에 수시로 출몰하며 해적질을 일삼았다. 이러한 왜구의 활동은 이후 반세기 가량 지속되어 고려와 중국에 심각한 타격을 주었다. 역사에서는 이들을 '경인년 이래의 왜구'라고 한다. 왜구는 이후 공민왕과 우왕·공양왕대를 거쳐 적게는 수십 명에서 많게는 수천 명에 이르는 단위로, 고려의 연해안은 물론 때로는 내륙 깊숙이까지 침입하여 고려 사회를 큰 혼란에 빠뜨렸다.

능력 있는 삼촌에게 밀려난 조카

안팎의 시련을 맞이한 고려 정부는 적절하게 대처하지 못했다. 우선 충정왕은 나이가 너무 어려 스스로 정치를 주도해 가지 못했다. 정권을 잡고 있던 외척을 비롯한 신료들도 정세를 헤쳐갈 만한 능력이나 그러한 의지를 보여주지 못했다. 충정왕을 국왕으로 임명한 원 조정은 이러한 고려의 정치 상황을 인식하고 결국 충정왕에 대한 지지를 거두어들였다. 그를 대신해서 새 국왕으로 임명된 것은 앞서 두 차례 왕위 계승 경쟁에서 밀려나 재기를 꿈꾸던 강릉대군(江陵大君) 왕기로, 공민왕이다.

충정왕은 곧바로 강화도로 쫓겨났다가, 이듬해 3월 짐독(鴆毒)을 먹고 죽었다. 충정왕에 대해서 『고려사』의 찬자들은 충정왕의 실패를 왕의 어린 나이와 외척의 발흥 탓으로 돌리고 있다. 역사 속에서 어린 나이에 왕위에 올라 외척의 영향력을 받았던 임금은 충정왕만이 아니었음에도 이렇게 허무하게 왕위에서 쫓겨난 임금은 달리 찾아보기 어렵다. 충정왕이 왕위에 오른 것도, 거기서 물러난 것도 모두 원나라 조정의 뜻에 의해 결정된 것이었다. 원나라가 쇠락의 길 속에서도, 동시에 고려에 대한 영향력만큼은 절정에 이르렀던 시대가 낳은 비운의 단역이었다.

공민왕(恭愍王)

고려왕조의 마지막 무지개, 나라를 새롭게 하리라

원나라 공주를 사랑한 왕, 고려의 중흥을 위해 힘쓰다

고려 31대 국왕인 공민왕은 이름이 기(祺), 나중에 전(顓)으로 바꾸었다. 몽골식 이름은 바얀테무르[伯顔帖木兒]이다. 1330년(충숙왕 17)에 태어나 1374년(공민왕 23)에 시해당했다. 충숙왕과 명덕태후 홍씨 사이에 둘째 아들로 태어났다. 충혜왕의 동생이다.

비는 몽골 위왕(魏王) 볼로테무르[孛羅帖木兒]의 딸 노국대장공주(魯國大長公主)와 이제현의 딸 혜비(惠妃), 종실 왕의(王義)의 딸 익비(益妃) 한씨, 안극인(安克仁)의 딸 정비(定妃), 염제신(廉悌臣)의 딸 신비(愼妃)이다.

공민왕은 1374년(공민왕 23)에 시해당하기까지 23년간 재위했다. 그가 재위하는 동안 대외적으로 원 제국의 쇠퇴가 시작되고 주원장(朱元璋)이 세운 명이 중국 대륙을 장악해갔다. 대내적으로는 100여 년 이상 지속되었던 몽골과의 관계 속에서 발생한 고려의 정치·사회적 갈등과 혼란, 원에 의한 왕위 계승 개입 등 국왕의 위상이 약화되어 가는 한편으로 이를 개혁하고자 하는 요구들이 일어나고 있던 시기였다. 몽골과의 관계를 청산하고 대내적 정치 개혁을 이루고자 했던 공민왕의 노력은 상당한 성과를 거두었다. 그러나 이로 인해 발생한 고려 내부의 정치·사회적 문제들은 해결되지 못했다.

공민왕은 글과 그림에도 뛰어난 재능이 있어 대표적인 작품으로 「천산대렵도(天山大獵圖)」가 전해지며, 그가 그렸다고 전해지는 염제신의 초상화인 「전공민왕필염제신상(傳恭愍王筆廉悌臣像)」은 국가유산 보물 1097호로 지정되어 있다.

반원을 향한 개혁 – 원년, 5년 개혁

공민왕은 1351년(공민왕 즉위)에 즉위하기까지, 공민왕은 10년 이상 원의 대도에서 숙위 생활을 했다. 이 와중에 1344년(충혜왕 5)에 충혜왕이 사망하면서 그를 왕으로 추대하고자 하는 고려 신료들의 움직임이 있었으나 충혜왕과 덕녕공주의 소생인 충목왕이 왕위에 올랐다. 1348년(충목왕 4) 충목왕이 사망한 후에도 권준(權準), 이곡(李穀) 등 다수의 고려 신료가 원 조정에 글을 올려 왕기(공민왕)을 왕으로 세워줄 것을 청하기도 했다.

원은 친원세력의 지지를 받은 충정왕을 즉위시켰으나, 덕녕공주 세력과 외척 윤씨세력들 때문에 국정이 정상화되지 못했다. 여기에 왜구마저 침입하게 되면서 원은 1351년(충정왕 3)에 충정왕을 폐위시키고 공민왕을 즉위시켰다.

대내외적으로 혼란한 상황 속에서 즉위한 공민왕은 재위 기간 동안 네 차례의 개혁을 단행했다. 즉위 직후 충정왕대 권력층을 제거하는 한편으로 대규모 인사를 단행했다. 1352년(공민왕 1) 2월에는 정방을 혁파하고 문무의 인사를 전리사와 군부사로 돌렸으며, 국왕권 강화와 정치기강 확립을 골자로 하는 개혁안을 발표했다. 이에 앞서 1352년(공민왕 1) 정월에는 몽골식 머리 모양인 변발과 호복을 입던 관습을 폐지하기도 했다.

공민왕이 즉위하는 과정에서 그 지지기반이 되었던 연저수종공신(燕邸隨從功臣)들, 기씨 일가를 주축으로 하는 친원세력들이 각종 폐단의 주체였음에도 그들을 개혁대상으로 할 수 없는 상황에서 공민왕 원년의 개혁은 큰 성과를 보이지 못했다. 이는 그를 추대한 과거출신 개혁 유신(儒臣) 세력들의 실망을 통해서도 확인할 수 있다. 이색(李穡)은 1352년(공민왕 1)에, 공민왕 즉위 후에도 현명한 인물이 등용되지 못하고 간사한 자들이 다 제거되지 못한 상황, 한 가지 정책도 행해지지 못한 상황 등을 지적하며 그에 대한 불만을 표했다.

그러나 미완의 원년 개혁은 1356년(공민왕 5)의 이른바 '반원(反元) 개혁정치'를 통해 더욱 분명히 나타났으며 일정한 성과를 거두었다. 1356년(공민왕 5) 5월, 공민왕은 국왕권을 위협했던 기황후의 오빠 기철과 그 추종세력들을 숙청하고, 원의 고려 내정간섭 기구로 기능해 왔던 정동행성(征東行省) 이문소(理問所)를 혁파했다. 이어서 병마사 인당(印璫)으로 하여금 압록강 서쪽의 8개 참(站)을 공격하게 했으며, 병마사 유인우(柳仁雨)로 하여금 쌍성총관부(雙城摠管府)를 공격하도록 했다.

이 과정에서 해당 지역에 세력기반을 갖고 있던 이자춘(李子春, 이성계의 아버지) 등이 고려군에 내응하여 쌍성총관부를 수복했다. 같은 해 6월에는 원의 지정(至正) 연호 사용을 중지하고, 7월에는 원의 요구에 의해 격하되었던 관제를 고려전기 문종(文宗)대 관제로 개편했다.

이에 원은 고려에서 보냈던 사신을 구류하고 고려를 토벌할 것이라 하며 위협하기도 했다. 그러나 고려를 공격할 여력이 없는 상황에서 원은 1356년(공민왕 5) 7월에 고려의 군사행위를 변방 도적의 행위로 규정하며 사태 수습을 시도했다.

공민왕은 즉위 초, 기철 등 세력에 의해 국왕권이 위협받던 가운데 친원세력인 기철의 반란에 대한 고발을 접하고 개혁을 단행했다. 여기에는 원의 쇠퇴를 염두에 둔 점도 있으나, 그렇다고 아직 원의 쇠퇴를 단정하기는 어려운 상황이었다. 더구나 고려 내부적으로도 유신 세력 등은 지속적으로 내정 개혁을 요구했으나 그것이 반원적인 형태로 전개되는 것에 대해서는 동조하지 않았다. 이는 기철 세력을 주살하는 데에 공을 세운 이들에 대한 공신책봉에 포함된 인물들이 대개 공민왕의 외척, 수종공신으로 구성되어 있었던 것을 통해 확인할 수 있다.

이러한 상황에서 공민왕은 압록강 서쪽의 공격을 주도했던 서북면병마사 인당을 죽임으로써 이 지역에서의 군사행동이 자신의 뜻과 관계없는 것임을 밝혔다. 또한 기씨 세력을 주살한 것도 그들의 반란 모의로 인해 불가피한 상황이었음을 이유를 들어 원과의 관계를 수습하고자 했다.

이세독립지인(離世獨立之人) 신돈의 등용과 그 결과

1356년(공민왕 5)에 시도된 '반원개혁'으로 고려−원 관계가 완전히 단절되지는 않았다. 이 관계는 상당 부분 변화하여 형식적 사대관계로 회귀하는 듯 했다. 그러나 1359년(공민왕 8)에 발발한 제1차 홍건적(紅巾賊)의 침입은 공민왕 5년 개혁의 성과를 후퇴시켰다. 홍건적의 침입에 직면해 고려는 1361년(공민왕 10)에 다시 정동행성 관원을 두며 원과의 관계 개선을 도모했다. 그러나 원은 고려에 침입한 홍건적에까지 신경을 쓸 여력이 없었다.

1361년(공민왕 10) 10월에 홍건적이 2차로 침입해 오자, 11월에 공민왕은 복주(福州, 안동)로 파천했고, 개경은 함락되었다. 이에 공민왕은 총병관을 김용(金鏞)에서 정세운(鄭世雲)으로 대체했다. 1362년(공민왕 11) 1월에 정세운은 안우(安祐), 이방실(李芳實), 김득배(金得培) 등과 함께 홍건적을 물리치고 개경을 되찾았다. 그러나 정세운이 전쟁에서의 공으로 공민왕에게 총애받을 것을 우려한 김용은 왕명이라 속여 이방실 등으로 하여금 정세운을 죽이게 했고, 다시 이들에게 지휘관을 살해한 죄를 씌워 살해했다. 이른바 '3원수 살해사건'이다.

국왕이 외침으로 피난가고, 전쟁에서 승리했으나 승리의 주역이 모두 참살당한 가운데 기황후는 1356년(공민왕 5)에 오빠 기철 등이 처형당한 원한을 갚기 위해 공민왕의 폐위를 도모했다. 1362년(공민왕 11) 12월, 원 황제가 덕흥군을 고려 국왕으로 세웠다는 소식이 전해졌다. 이어 1363년(공민왕 12) 3월에 공민왕이 복주로부터 돌아오는 길에 개경 인근의 홍왕

사(興王寺)에 머물다가 시해 위협을 당한 일이 발생했다. 이른 바 '흥왕사의 변'이다. 이 사건도 김용이 주도한 것이었다. 공민왕은 환자 이강달(李剛達)의 기지로 시해를 면했으나 왕으로 위장하고 있었던 환자 안도치(安都赤)가 죽임을 당했다. 이때 외사촌간인 시중 홍언박(洪彦博)도 살해되었다.

공민왕이 변고를 겪은 지 얼마 지나지 않아, 원이 덕흥군을 고려왕으로 삼아 요양의 군사로 하여금 호송한다는 소식이 전해졌다. 1364년(공민왕 13) 1월에 덕흥군의 군대와 고려군 사이에 전투가 일어났다. 덕흥군의 군대는 초반에 기세를 올리는 듯 했으나, 결국 최영(崔瑩) 등이 이끄는 고려군이 승리했다. 이에 같은 해 10월에 원에서는 공민왕을 복위시킨다는 조서를 보내 왔다.

이로써 공민왕은 더 이상 원과의 관계에서 국왕권을 제약받지 않을 수 있게 되었다. 그러나 연이은 전란의 과정에서 정세운, 안우, 김득배, 김용 등 공민왕의 측근세력들이 사망하고, 공을 세운 무장세력들이 대거 공신으로 책봉되어 새로운 권력집단으로 대두하여 도당(都堂)을 장악함에 따라 공민왕의 국왕권은 상당한 제약을 받았다. 또한 세족·유신·신진세력 등 정치세력들이 서로 당파를 이루어 공민왕의 개혁 추진에 적극 동조하지 않았다.

이에 공민왕은 국왕권을 회복하고 개혁을 지속하기 위해

'세속에서 떨어져 홀로 선 사람(離世獨立之人)'인 신돈을 등용
했다. 1365년(공민왕 14) 5월, 공민왕은 신돈을 사부로 삼고 국
정을 자문했다. 공민왕은 그에게 전권을 위임하여 그를 통해
최영, 이인복(李仁復), 경복흥(慶復興) 등 신흥 무장세력과 유
력한 문신 대다수를 숙청하고 국정주도권을 장악했다.

신돈 집권기에 이루어진 개혁은 크게 세 가지였다. 우선 전
민변정도감(田民辨整都監)을 설치해 단행 사회·경제적 측면에
서의 개혁이 있다. 이는 이전 시기의 전민변정 사업과 비교해
큰 성과를 거두었던 것으로 평가된다.

이에 더하여 1368년(공민왕 17)에 관리의 근무일수에 따라
그 승진을 결정하는 순자격법(循資格法)을 실시하여 무장세력
이 군공으로 급속히 승진함으로 해서 발생했던 관료체계상의
불균형을 해소하고 국정을 정상화하고자 했다. 마지막으로
1367년(공민왕 16)에 성균관(成均館)을 중영하고 1368년(공민
왕 17)에 친시(親試)를 단행했다. 유신들의 좌주-문생 관계를
국왕 중심으로 재편하고자 한 것이다. 특히 성균관 중영은 조
선 건국 과정에서 중요한 역할을 하게 되는 신흥유신들이 집
결하여 새로이 정치세력화하는 데에 기여했다는 점에서 중요
한 의미를 가진다.

원·명의 교체와 대명 외교 질서를 시작하다

1368년(공민왕 17) 9월에 원의 수도인 대도가 명의 군대에 의해 함락되고 원의 황제가 막북(漠北)에 있는 상도(上都)로 도망갔다는 소식이 고려에 전해졌다. 이어 1369년(공민왕 18) 4월에는 명 황제가 자신이 오랑캐인 원을 몰아내었으니, 명에 조공하라는 내용을 담은 친서를 보내왔다.

이에 공민왕은 5월에 원의 지정연호 사용을 중지하고, 6월에 관제를 개편한 후 이듬 해인 1370년(공민왕 19)에 명의 홍무연호 사용을 선포함으로써 100여 년간 지속되었던 원제국과의 관계를 청산했다.

이때를 즈음하여, 공민왕은 두 차례에 걸쳐 동녕부 정벌을 단행했다. 1369년(공민왕 18) 12월에 고려는 이성계와 지용수(池龍壽)를 원수로 삼아 우라산성을 포위하여 항복을 받아냈다. 이어 1370년(공민왕 19) 11월에는 2차 정벌을 단행하여 요양성을 함락시켰다. 이는 당시 기철의 아들이자 원 평장사였던 기사인테무르[奇賽因帖木兒]가 원의 유민을 모아 동녕부 지역에 있으면서 아버지의 원수를 갚는다는 명목으로 고려를 침입했던 것에 대한 응징이었다. 아울러 이 지역의 고려 유민을 추쇄하는 한편으로 원과의 관계를 단절하기 위한 것이었다.

고려 중흥을 위한 마지막 한계

공민왕은 그의 재위 기간 동안 원 제국 질서 속에서 축적되었던 고려의 정치·사회·경제적 폐단들을 개혁하는 데에 상당한 노력을 했고, 나름의 성과를 거두었다. 그러나 그의 재위 후반부 행적들은 부정적으로 평가되거나, 이어지는 고려 말의 정치적 혼란 속에서 정쟁의 요인을 제공하기도 했다.

먼저, 1365년(공민왕 14) 2월 노국대장공주의 사망으로 발생한 문제이다. 공민왕은 공주 사망 후 정릉(正陵)과 원찰인 영전(影殿)을 수축했는데, 특히 영전의 이전과 보수에 너무나 많은 인력과 물자가 소요되었다. 때문에 어머니인 명덕태후를 비롯한 대다수 신료는 이를 중단할 것을 요청했으나 공민왕은 이를 강행함으로써 사회적으로 큰 물의를 일으켰다.

다음으로, 자제위(子弟衛)와 관련된 공민왕의 음행 문제이다. 1372년(공민왕 21) 10월, 공민왕은 세가의 자제들로 자제위를 구성하고 궁중에 배치했다. 김흥경(金興慶)이 이를 총괄했으며, 홍륜(洪倫)·홍관(洪寬) 등 나이가 어리고 용모가 예쁘고 아름다운 이들이 이에 소속되었다. 자제위는 원래 요동 문제를 둘러싼 명과의 긴장관계 및 왜구 침구로 인해 무장들의 세력이 확대되는 상황에서 왕의 신변을 보호하고 국왕권을 강화하기 위해 설치한 것이었다.

그런데 이와 관련한 『고려사』, 『고려사절요』의 기록은 노국대장공주 사망 후 공민왕이 남색을 탐하게 되면서 이들을 가까이 두어 음행을 일삼았다는 내용이나, 후사를 두기 위해 이들로 하여금 자신의 비들을 간통하도록 했다는 등의 내용이 주를 이룬다.

이는 1374년(공민왕 23)의 공민왕 시해로 이어졌다. 공민왕이 환관 최만생(崔萬生)으로부터 홍륜과 간통한 익비의 임신 소식을 듣고 입막음을 위해 이들을 죽이려 하자, 최만생과 홍륜 등이 역으로 공민왕을 시해한 것이다.

마지막으로, 후사의 문제이다. 공민왕은 정비들로부터 후사를 얻지 못했다. 신돈의 비첩인 반야(般若)로부터 얻은 아들인 우왕이 공민왕을 계승했다. 우왕의 출신문제는 1388년(우왕 14)에 이성계 등이 위화도회군을 단행하는 과정에서 '우창비왕설(禑昌非王說)'로 제기되었다. 우왕과 그 아들 창왕이 왕씨가 아니라는 주장을 제기하여 정치 쟁점화했다. 이는 조선 건국의 주요한 명분 가운데 하나로 활용되었다.

더구나 『고려사』가 공민왕의 시해 사건을 전후해서 지나치게 편파적인 측면을 부각시키고 있다는 점이다. 이것은 『고려사』 편찬자들이 여러 차례 바뀌면서 신돈의 영향력을 지나치게 강조하고 신돈을 우왕·창왕과 관련시킴으로써 조선 건국의 역성혁명의 명분을 찾으려는 조선 초기 사관들의 부정적인 서술 태도 때문이다.

공민왕의 재위 기간은 원나라가 쇠퇴하고 명나라가 건국되는 원명 교체의 시기였다. 국내적으로는 왜구의 잦은 침탈과 홍건적 침입으로 토지가 황폐되고 인명 손실이 커서 민생 문제가 심각한 상황이었다. 공민왕은 이 같은 국내외 정세 속에서 여러 차례 개혁정치를 추진하여 원의 간섭에서 벗어나고 왕권을 강화하면서 민생 문제를 해결하고자 했다.

그러나 공민왕의 개혁은 실패했고, 공민왕 역시 실패한 군주로 남았지만 그의 개혁 시도는 신진유신 세력 중에서도 급진파였던 정도전 등과 신흥 무장세력인 이성계가 결합하여 이른바 '개혁파 사대부'가 형성되고 이들에 의해 조선 건국이 이루어지는 계기가 되었다.

우왕(禑王)

고려왕조의 몰락. 지킬 것인가, 바꿀 것인가

위화도회군으로 엇갈린 운명, 신돈의 아들로 알려지다

고려 32대 국왕이었던 우왕은 이름이 모니노(牟尼奴)이다. 1365년(공민왕 14)에 태어나 1389년(공양왕 1)에 사망했다. 한준(韓俊)의 딸 궁인 한씨(후에 順靜王后로 추증)를 생모로 삼았으나 신돈의 여종인 반야(般若) 소생이다. 1374년(공민왕 23) 공민왕이 시해된 후 왕위에 올랐다.

우왕은 '9비 3옹주'라 불리는 9명의 왕비와 3명의 옹주 등 12명을 두었다. 이림(李琳)의 딸 근비(謹妃), 최영의 딸 영비(寧妃), 노영수(盧英壽)의 딸 의비(毅妃), 최천검(崔天儉)의 딸 숙비

(淑妃), 강인유(姜仁裕)의 딸 안비(安妃), 신아(申雅)의 딸 정비 (正妃), 조영길(姜仁裕)의 딸 덕비(德妃), 왕흥(王興)의 딸 선비 (善妃), 안숙로(安淑老)의 딸 현비(賢妃)와 기생 출신의 화순(和 順), 명순(明順), 영선옹주(寧善翁主)가 있다. 근비 이씨의 사이 에서 창왕을 낳았다.

우왕은 격변하는 국내외 정세 속에서 극적인 생애를 살았 던 인물이다. 공민왕의 갑작스러운 죽음으로 출신의 한계와 정통성 논란에도 불구하고 왕위에 올랐으나 그만큼 취약한 세력기반으로 인해 왕권이 불안했다. 더욱이 공민왕대 개혁 정치의 실패로 누적된 사회·경제적 모순, 명(明)의 부상과 원 제국의 몰락이라는 국제적 지각변동, 신흥유신(新興儒臣, 新興 士大夫)의 분열과 같은 다양한 변수가 집권기 내내 일어났다. 그에 따라 우왕의 삶에는 점차 불운의 그림자가 드리워졌고, 결국 그는 후대의 기록 속에서 고려 국왕이 아닌 신돈의 아들 로 각인되어 왕조 패망의 책임을 떠안았다.

우창비왕설(禑昌非王說), 출신을 둘러싼 논란

조선을 건국했던 세력들은 역성혁명(易姓革命)의 정당성을 인정받기 위하여 고려 말 역사를 대대적으로 윤색했다. 고려 왕실의 신성성(神聖性)을 깎아내리고 조선왕조 개창의 당위성을 합리화하기 위해 이들은 고려 왕실의 정통 계보가 이미 오래전 단절되어 버렸으며 천명(天命)은 새로운 적임자에게 계승되었다는 논리를 만들어 내었다. 이것이 이른바 '우창비왕설'이다. 우왕은 공민왕의 자식이 아닌 신돈의 자식이며, 신씨에게 왕위를 넘김으로써 용(龍)의 후손인 왕씨 계보를 더럽힌 고려 왕실은 멸망을 자처했다는 논리였다.

『고려사』는 철저히 우창비왕설의 입장에서 서술되었다. 우왕과 그의 아들 창왕 시기의 편년기사들은 「세가」로 편입되지 않고, 「열전」에 각각 신우열전(辛禑列傳)·신창열전(辛昌列傳)에 별도로 수록하고, 이들에 대한 호칭 또한 '왕'이 아닌 '신우'·'신창'으로 기술되었다. 나아가 『고려사』를 편찬한 조선전기 관료들은 우왕이 공민왕과 신돈의 아이조차도 아닐 수 있다는 의혹을 제기하며 왕통(王統)으로부터 멀리 떨어져 있음을 누차 강조하고 있다. 물론 이는 『고려사』 편찬자들의 정치적 의도가 반영된 서술이기에 그대로 받아들이기는 어렵다. 하지만 『고려사』나 『고려사절요』의 기록들을 면밀히 보면, 우왕의 출신과 관련하여 미심쩍은 부분이 존재한다는 것도 사실이다.

우선 우왕의 등장 시점을 들 수 있다. 신돈을 축출한 이후에야 비로소 공민왕은 측근에게 우왕의 존재를 알리고 그에 대한 관리를 시작했다. 1371년(공민왕 20) 7월에 신돈을 숙청한 공민왕은 근신(近臣)에게 "신돈의 여종과 관계하여 낳은 아들이 그의 집에 있으니 잘 보호하라"라는 명을 내렸다.

심지어 오랜 시간 고려 국왕과 사위 관계를 맺으며 고려 왕실에 깊이 관여해 온 원 조정조차도 우왕의 존재를 몰랐다. 공민왕 사후에 원에서는 그에게 후사가 없다는 이유로 심왕 왕고의 손자인 톡토부카[脫脫不花]를 고려 국왕에 책봉했다. 1375년(우왕 1)에는 원의 장군 나하추[納哈出]가 사신을 보내 "전왕(前王)에게 아들이 없는데 누가 왕위를 물려받았는가?" 라고 물어보기도 했다. 이는 우왕의 입궁 후에도 공민왕이 그의 존재를 대외적으로 공식화하지 않았다는 것을 의미한다.

다음으로 우왕에 대한 할머니 명덕태후의 태도를 엿볼 수 있다. 1373년(공민왕 22)에 공민왕은 모니노를 후계자로 삼기 위하여 이숭인(李崇仁)을 그의 스승으로 삼아 교육을 담당하려 했다. 하지만 명덕태후는 달가워하지 않으며 "아이가 아직 어리니 조금 더 장성한 뒤 가르쳐도 된다"라고 말했다. 이에 공민왕은 노국대장공주의 영전(影殿) 사업을 책임질 사람이 필요하다고 말하며 후계자의 필요성을 피력했다.

심지어 명덕태후는 공민왕이 피살된 직후 종실 중에서 적임자를 골라 다음 왕으로 세울 것을 건의하기까지 했다. 계보상 모니노의 친할머니였음에도 불구하고 그녀는 우왕이 공민왕의 정통 후계자로 지명되는 것을 못마땅하게 여긴 것이다.

마지막으로 모니노를 원자(元子)로 삼은 이후에도 공민왕이 여전히 후사문제에 집착했다는 사실이다. 노국공주가 사망한 이후 공민왕은 측근을 사주해 후궁들을 겁탈했고, 그러한 비정상적 관계 속에서 아이를 얻으려 했다. 그러던 어느 날, 환관 최만생이 익비(益妃)가 홍륜의 아이를 가졌다는 소식을 전한다. 이에 공민왕은 기뻐하면서 "노국공주의 영전을 부탁할 사람이 없어 걱정했는데, 익비가 이미 아이를 가졌으니 무엇을 염려하랴"라고 하며, 사실을 알고 있는 최만생·홍륜을 죽여 입을 막으려고 했다.

결국 이 일을 계기로 공민왕은 홍륜 등에게 피살되었다. 우왕이 우여곡절 끝에 즉위했지만. "원자가 있으므로 더 이상 걱정할 것이 없다"라고 만족스러워 하던 공민왕이 왜 이렇게까지 후사문제에 민감하게 반응했는가에 대해서는 여전히 의문이 남는다.

우왕이 실제 공민왕의 아들인가라는 문제를 떠나서 위의 세 가지 사례는 최소한 그의 출신배경이 기존의 왕위 계승 전통에서 용납될 수 없을 정도로 한미한 출신이라는 사실을 드러낸다. 실제로도 우왕 이전 고려의 국왕들은 모두 왕실 내부의 근친혼이나 문벌 등 명문가와의 통혼관계 속에서 출생한 인물들이었다.

그런데도 노비 소생의 우왕이 국왕으로 등극한다는 것은

당시 지배층 문화에서 쉽게 용인되기 힘든 일이였을 것이다.

취약한 지지기반, 이인임과 함께하다

생전에 모니노를 후계자로 낙점한 공민왕은 권중화(權仲和)를 이색의 집으로 파견하여 개명(改名) 문제를 논의했다. 그리고 이 자리에서 제시된 여덟 개의 글자 가운데 우(禑)를 골라 새로운 이름으로 삼은 후, 경복흥·염흥방(廉興邦)·백문보(白文寶)를 불러 우를 강녕부원대군(江寧府院大君)으로 책봉하고, 백문보·전녹생·정추(鄭樞)를 스승으로 임명했다.

우를 세자로 삼기 위한 작업은 여기에서 그치지 않았다. 신돈의 여종인 반야 소생의 모계 쪽 결점을 감춰야만 했던 공민왕은 우왕의 어머니로 이미 사망한 궁인(宮人) 한씨를 지목하고, 한씨의 선조를 추증했다.

그러나 우왕을 후계자로 삼기 위한 작업이 한창 진행 중이던 1374년(공민왕 23)에 갑작스럽게 공민왕이 시해되었다. 당황한 관료들은 국왕 추대문제를 둘러싸고 크게 두 가지 입장으로 나뉜다. 명덕태후·경복흥·이수산(李壽山) 등이 종친 가운데 적임자를 선택해야 한다고 주장한 반면, 이인임·왕안덕(王安德)을 중심으로 하는 또 다른 세력은 공민왕의 유지를 받들어 우왕을 추대해야 한다고 목소리를 높였다. 결국 이인임

일파의 지지 속에 우왕은 10살의 어린 나이로 왕위에 오르게 된다.

즉위 초부터 우왕은 정통성 문제를 염두에 둘 수밖에 없었다. 할머니였던 명덕태후에게서도 인정받지 못하고 일부 권신의 지지에 힘입어 왕위를 계승했으므로 사실상 인정받지 못한 왕이었다. 왕권을 획득하자마자 우왕이 한 행동이 어머니로 지목된 궁인 한씨에게 순정왕후라는 시호를 내리는 일이었다는 사실은 그가 이러한 정통성 문제에 민감하게 반응했음을 드러낸다.

동시에 우왕은 정국운영 과정에서 자신을 추대한 세력에게 지나치게 의존하는 모습을 보였다. 이인임을 중용해 대다수의 정치적 문제를 그의 뜻에 따라 처결했을 뿐만 아니라, 이인임의 친족인 이림의 딸을 근비로 맞아들임으로써 결속력을 강화시키고자 했다.

이로써 그의 치세에는 이인임·염흥방·임견미(林堅味) 등 측근에 의한 정권 농단이 심각한 사회 문제로 대두하게 된다. 그런데도 최영이 정국을 장악했을 때 우왕은 똑같은 방식으로 변화된 상황에 대처하려 했다. 1388년에 이인임이 축출되자마자 최영의 거부에도 불구하고 그 딸을 영비(寧妃)로 삼아 새로운 정국 주도자와의 유대관계를 밀착하고자 했다.

이는 우왕에게 있어 취약한 지지기반을 보완하기 위한 불가피한 선택이었으나, 이러한 선택은 새로이 대두하고 있던 개혁적 유신관료들의 협조를 원천적으로 차단함으로써 그에게 부정적인 결과를 안겨주게 되었다.

위화도회군과 정치적 실패

우왕의 집권기는 공민왕대를 거치며 중앙정계에 대두한 신흥유신들이 본격적으로 정치세력화한 시기이다. 이들은 국정운영 방침에 따라 세력을 형성하여 상호 견제했는데, 우왕대에 가장 첨예한 쟁점이 되었던 것은 원·명과의 관계 문제였다. 일찍이 이인임은 명에서 공민왕 시해의 책임을 물을 것을 두려워하여 원과의 관계를 회복하려고 했다. 이때 임박(林樸)·박상충(朴尙衷)·정도전(鄭道傳) 등의 신진세력들은 공민왕의 대외정책인 명을 배반할 수 없다는 입장을 펴며 이인임의 결정에 대항했다.

사실상 원과 명 가운데 누구를 선택할 것인가는 천하(문명)의 중심을 어디에 둘 것이며, 현실정치를 어떻게 개혁할 것인가와 연결된 문제였다. 따라서 이와 관련된 갈등은 정치·사회·문화 전반에 걸쳐 많은 갈등을 불러왔다. 하지만 일부 권신에 기대어 정국을 운영해 가던 우왕은 신흥유신들의 주장을 능동적으로 대응하지 못했다. 이러한 행태는 결국 요동정벌 문제를 계기로 한계를 드러내게 된다.

1388년에 명으로부터 철령위(鐵嶺衛) 설치를 통보받은 우왕은 최영의 주장에 따라 요동정벌을 계획하고 이성계에게 총책임을 맡겼다. 이에 이성계는 "작은 나라로서 큰 나라를 거스를 수 없으며 농번기에 군사를 출동시키는 것은 불합리하다. 모든 군대가 원정을 떠나게 되면 왜구가 나타날 우려가 있고, 장마철이라 행군에 어려움이 있다"는 4가지 문제점을 거론하며 요동정벌을 반대했다.

이른바 '4불가론'으로 불리는 이 주장은 이성계라는 한 개인만의 생각을 담고 있었던 것이 아니다. 원과의 교류를 거부하고 고려를 쇄신하고자 했던 세력의 입장이 이성계의 의견 속에 반영되어 있었다. 이를 감안할 때, 우왕과 최영의 패착은 다양한 정치세력의 의견을 조율하지 못하고 독단적으로 행동한 데 있었다고 볼 수 있다. 결국 위화도회군은 우왕대 측근정치의 폐단이 오랜 시간 누적된 결과의 산물이었다.

1388년(우왕 14년), 요동정벌을 떠나던 이성계 세력은 위화도에서 군사를 돌려 개경에 있는 우왕과 최영을 몰아내었다. 하지만 이색과 조민수의 개입으로 우왕의 아들 창왕(昌王)이 다음 왕으로 추대되고, 이성계 세력은 이색·이숭인·권근(權近) 등의 정적을 축출할 때까지 다시 기회를 엿보아야 했다. 곧이어 1389년(창왕 원)에 이색 일파를 정계에서 몰아낸 이성계 세력은 진짜 왕씨를 추대한다는 명목으로 공양왕을 옹립한 후, 강릉(江陵)에 있던 우왕과 강화도에 있던 창왕의 목을 베었다.

이때 최영의 서녀인 영비 최씨가 우왕의 유배지까지 따라 갔었는데, 우왕이 처형된 후 밤낮으로 곡을 하다가 우왕의 시신을 끌어안고 자는 것은 물론 시신에 밥을 지어 올리며 시신을 모시고 살았다고 한다. 우왕은 조선의 건국과 함께 고려왕조 패망의 책임을 떠안은 채 고려의 반역자로 낙인되었다. 그리고 그의 생애는 조선왕조의 건국세력에 의해 정치적 의도에 맞추어 각색되어 기록되었다.

창왕(昌王)

망국의 소용돌이, 비운의 왕으로 전락하다

폐주(廢主) 우왕의 아들이 왕위를 계승하다

고려 33대 국왕인 창왕은 1380년(우왕 6)에 태어나 1389년 (공양왕 1)에 사망했다. 우왕과 시중 이림의 딸 근비(謹妃) 사이에서 태어났다. 왕위에서 물러난 우왕을 이어 9살의 어린 나이에 왕위에 오른 창왕은 감당할 수 없는 망국의 소용돌이 속에서 비극적 삶을 살았다.

왕권을 회복하고 국정을 정상화시키려 했던 공민왕의 개혁은 권문세족의 저항과 끊이지 않는 외침(外侵)의 와중에서 공민왕의 비극적 죽음으로 실패하고 말았다. 더구나 중국 대륙에서 원과 명이 각축하던 시기를 맞아, 고려 조정은 어떤 쪽과 손을 잡을 것인지에 대하여 격론의 소용돌이에 빠졌다. 공민 왕의 죽음 이후에도 고려의 관료들은 친원세력과 친명세력으로 나뉘어 대립했는데, 양자의 대립은 결국 위화도회군을 통해 친명세력의 승리로 귀결되었다.

아버지 우왕의 폐위로 어린 나이에 왕위에 오른 창왕은 자신의 의지와는 상관없이 격변의 시대 속으로 들어갈 수밖에 없었다. 고려 조정은 외부적으로 중국의 신흥왕조인 명이 견제의 끈을 놓지 않는 현실을 타개해야 했으며, 내부적으로는 개혁에 대한 열망을 수용하여 왕조의 새로운 계획을 제시해야만 했다. 이러한 국내외적인 복잡한 정세는 어린 나이에 준비 없이 왕위에 오른 창왕에게는 쉽게 해결할 수 없는 것이었다. 결국 고려라는 낡은 틀 대신, 조선이라는 새로운 왕조의 개창을 통해 개혁을 꿈꾸던 세력이 정권을 장악하면서 창왕은 부왕인 우왕과 함께 망국의 책임을 떠안은 비운의 왕으로 기록되어야 했다.

출신 문제와 불안한 왕위

장왕은 공민왕의 즉위 이래로 고려 왕실에서 오랫동안 고대해오던 혈손(血孫)이었으나, 이른바 '우창비왕설'이라는 말에서 알 수 있듯이 태생적으로 혈통상 정통성이 부족한 존재였다. 그의 아버지 우왕은 선대 고려 국왕들과는 달리 천한 신분의 어머니를 두었다. 공식적으로는 공민왕의 궁인이었던 한씨가 어머니이지만, 대부분의 사람은 신돈의 여종이었던 반야를 우왕의 생모로 알고 있었다.

이러한 상황에서 세간에는 우왕이 공민왕의 친아들이 아니라는 소문이 공공연하게 나돌았고, 공민왕이 피습된 직후에는 할머니 명덕태후마저도 그를 외면했다. 어머니 쪽의 혈통을 중시하는 경향이 강하여 종실이나 문벌 등 명문가 출신 여성과의 혼인을 통해 태어난 왕자만이 왕위에 오를 수 있었던 당시 분위기 속에서 여종의 아들인 우왕은 그 기반이 취약할 수밖에 없었다.

우왕의 즉위에는 권신 이인임이 관여했다. 공민왕 사후, 명덕태후와 대부분의 중신들이 종실 가운데 적임자를 골라 왕으로 세울 것을 건의했으나, 이인임은 공민왕이 대군을 후사로 삼았다는 명분과 자신의 기득권을 유지하기 위하여 어린 우왕을 왕으로 추대했다. 결국 우왕은 이인임과 밀착된 관계를 형성하며 그에게 많은 것을 의존했다. 이림의 딸 근비를 들인 것 또한 이인임과의 관계를 공고하게 만들기 위한 방편이었다. 이림은 이인임의 외사촌이었으며, 창왕은 바로 근비의 소생이었다.

염흥방이 조반(趙胖)의 땅을 빼앗은 일이 발단이 되어 1388년(우왕 14)에 이인임이 몰락한 이후, 우왕의 운명은 조금씩 암울한 그림자가 드리워진다. 그를 외척으로 두고 있었던 우왕에게 있어서 이인임의 몰락은 가장 중요한 지지기반을 잃게 만든 사건이었다. 곧바로 우왕은 정계의 핵으로 부상한 최영의 서녀를 영비(寧妃)로 맞아들이는 등 최영과 긴밀하게 결탁하며 새로운 기반을 구축했다. 하지만 우왕은 개혁을 요구하는 광범한 목소리에 귀 기울이지 않았으며, 위화도회군을 계기로 그 자신은 왕위에서 축출되었다.

우왕이 폐위되었기 때문에 폐주(廢主)의 아들이었던 창왕이 왕위에 오를 가능성은 희박했다. 실제로 이성계를 비롯한 개혁파에서는 우왕과 창왕의 혈통을 문제 삼으며 종실 중에 한 명을 뽑아 왕으로 추대하려고 했다. 하지만 위화도회군의 일등공신이었던 조민수(曺敏修)는 물론, 당시의 대학자였던 이색이 창왕의 즉위를 지지하자 상황이 달라졌다. 우왕이 강화도로 쫓겨난 바로 그 다음 날, 고려 왕궁에서는 정비(定妃)의 전교에 의하여 9살의 나이 어린 창이 왕위에 올랐다.

개혁의 소용돌이 속에 서다

고려 조정은 창왕의 즉위를 전후하여 기존 국가 운영체제에 대한 개혁 방안을 두고, 점진적 개혁과 급진적 개혁을 주장하는 두 세력 간에 갈등이 격화되고 있었다. 전자의 입장을 대변하는 조민수·이색 등과 후자의 입장을 대변하는 이성계·정도전 등은 위화도회군 이후 기세를 놓치지 않기 위하여 서로 대립했고, 이 과정에서 창왕은 개혁의 소용돌이 한가운데에 서게 된다.

1388년(우왕 14) 7월부터 대사헌 조준(趙浚)을 전면에 내세운 이성계 세력은 수백 년간 이어져 내려온 고려의 통치체제에 대하여 전면적인 개혁 작업을 시도했다. 조준은 가장 먼저 토지제도 개혁의 필요성을 피력했다. 그는 관직 복무의 대가로 관료들에게 주어지는 토지가 제대로 국가에 회수되지 않아 국고가 고갈되었으며, 토지 겸병의 현상이 확산되어 일부 권세가에게 막대한 양의 토지가 집중되는 현실을 지적하면서 사전(私田)의 전면적 개혁을 주장했다.

나아가 다른 사람들의 땅을 빼앗으면서 사전의 개혁을 저해했다는 이유로 조민수를 탄핵하여 조정에서 쫓아내었다. 이는 경제적·사회적 우위를 점유한 기득권층을 이성계 세력이 전면적으로 공격한 사건이었다.

그 다음 달인 8월에 조준은 다시 한 차례 장문의 상소를 올려 정치·사회·경제 개혁을 동시에 추구했다. 우선 당시의 중앙 통치기구가 갖고 있었던 문제점을 열거한 뒤, 6부의 기능

을 정상화하고 재상의 숫자와 역할을 바로잡고자 했으며, 현
감(縣監)·현령(縣令)·안집사(安集使)와 같은 지방수령들의 선
발방식을 개선하여 군현을 효율적으로 통치하고자 했다. 또
한 형벌의 공평한 적용, 이인임으로부터 피해받은 자들을 위
한 보상 등에 대하여 언급함으로써 사회적 분위기를 쇄신하
고자 했고, 수취제도 및 신분별 통제방안에 대한 대안을 구상
했다.

　창왕은 이와 같이 중대한 상황에서 난처한 입장에 서야 했
다. 왕위에 오르고 얼마 지나지 않은 시점에 이색을 문하시중
에, 이성계를 수시중에 임명함으로써 세력의 균형을 꾀하고
자 했다. 하지만 두 세력의 갈등은 점차 격화되었다. 특히 이
성계 세력은 성리학적 명분을 이용하여 이색과 그의 주변 인
물들을 정치적으로 탄압했다. 결국 창왕이 즉위한 이듬해인
1389년(창왕 원) 10월, 이색의 최측근이었던 이숭인이 탄핵된
일을 계기로 이색은 정치 일선에서 물러났고, 이로부터 창왕
의 입지는 더욱 좁아졌다.

‘신창(辛昌)’으로 기억되다

　이색이 중앙 정계를 떠난 직후 이성계를 제거하려던 우왕
의 계획이 발각되었다. 1389년(창왕 원년) 11월, 황려(黃驪, 여

주)에 유배되었던 우왕은 김저(金佇)를 만나 곽충보(郭忠輔)와 함께 이성계를 제거해달라고 부탁했다. 하지만 곽충보의 변심으로 이 계획이 이성계에게 알려지면서 우왕의 이성계 암살 시도는 실패로 끝나고, 이 사건을 계기로 우왕의 아들인 창왕을 폐위하려는 논리를 만들어갔다.

이성계 세력은 "가짜 왕을 내몰고 진정한 왕을 추대해야 한다[廢假立眞]"는 명분을 내세워 우왕을 강릉으로 옮기고 창왕을 강화로 내쫓은 뒤 공양왕을 즉위시켰다. 그리고 다음 달에는 서균형(徐鈞衡)과 유구(柳珣)를 각각 강릉과 강화로 보내어 우왕과 창왕을 참수했다. 이로써 창왕은 후대의 역사기록에 '고려 국왕'이 아닌, 신돈의 자손 '신창(辛昌)'으로 남게 된다.

창왕의 즉위 1년 동안 토지제도 전반에 대한 개혁 시도가 있었으나, 이는 정도전 등을 위시한 개혁파들의 개혁안이었고, 창왕은 왕위만을 유지하고 있을 뿐이었다. 그나마도 조민수가 탄핵되고 이색이 이숭인의 탄핵을 계기로 정치 일선에서 물러나면서 즉위 원년에 이미 지지 세력을 모두 잃어버렸다. 짧은 치세 동안 이루어진 일은 바로 박위(朴葳)의 쓰시마섬 정벌이었다. 그러나 이마저도 이성계세력이 주도한 것이기에 당시 실권이 없는 창왕의 업적이라 하기는 어렵다.

공양왕(恭讓王)

새로운 세상을 꿈꾸는 날의 마지막 군주

제비뽑기로 왕위에 오른 군주

고려 34대 마지막 국왕인 공양왕은 이름이 요(瑤)이다. 1345년(충목왕 원) 출생하여 1394년(태조 3) 사망했다. 신종(神宗)의 7대손이며, 정원부원군(定原府院君) 왕균(王鈞)과 국대비(國大妃) 왕씨 사이에서 출생했다. 비는 창성군(昌成君) 노진(盧稹)의 딸 순비(順妃)이다. 세자 석(奭)과 숙녕(肅寧)·정신(貞信)·경화궁주(敬和宮主) 세 딸을 낳았다.

1389년(공양왕 원년) 11월에 왕위에 올라 1392년(공양왕 4) 7월까지 약 32개월 동안 재위했다. 즉위하기 전에는 정창군

(定昌君)에 봉해졌고, 폐위된 후에는 공양군(恭讓君)으로 강등
되었다가 1416년(태종 16)에 공양왕으로 추봉되었다. 종친인
군(君)에서 국왕으로, 망한 전 왕조의 군에서 다시 왕으로 인
정받기까지 네 번이나 그 칭호가 바뀐 것은 그의 인생을 대변
해준다. 재위 기간 동안 관제 개편, 유학 진흥, 사원 재산 몰수,
한양 천도 시도, 과전법 실시 등 사회 전반에 걸친 개혁이 이
루어졌다. 개혁의 방향을 둘러싼 정쟁 속에서 고려 왕실의 존
속을 바라던 정몽주가 살해되면서 이성계가 왕으로 추대되고
공양왕은 폐위되었다.

나라를 다스리지 못하는 이가 국왕이 되다

1389년 11월, 김저가 이성계를 죽이고 우왕(禑王)을 복위
시키고자 한 모의가 발각되어 이성계와 심덕부 등에 의해 창
왕이 폐위된 후, 왕위에 옹립되었다.

공양왕이 왕위에 오르기 전 해인 1388년(우왕 14) 5월, 위화
도에서 회군한 이성계 세력은 곧 우왕을 몰아내고 그의 아들
인 창을 왕위에 앉혔다. 그러나 이듬해 11월, 이번에는 창왕
마저도 왕위에서 밀어내버렸다. 우왕과 창왕은 신돈의 후손
으로, 왕씨가 아니라는 것이 그 명분이었다.

그리고 다시 왕씨의 후손을 찾아 왕위에 앉혔다. 이때 선택

된 이가 바로 공양왕이다. 이성계, 심덕부, 지용기(池湧奇), 정몽주(鄭夢周), 설장수(偰長壽), 성석린(成石璘), 조준, 박위, 정도전 등이 궁궐 인근의 흥국사(興國寺)에 모여서 삼엄한 군사의 호위 속에서 새로운 왕을 세울 것을 논의했다. 이성계는 정창군 왕요가 신종의 7대손으로 왕실에서 가장 가깝다고 하여 그를 밀었다. 왕요는 이성계의 사돈인 왕우(王瑀)의 친형이기도 했다.

반면에 조준은 "정창군은 부귀한 집에서 나고 자라서 자기의 재산을 다스릴 줄만 알고 나라를 다스릴 줄은 알지 못하니 왕으로 세울 수 없다"라는 이유를 들어 반대했고, 성석린도 여기에 동조했다. 결국 종실 몇 사람의 이름을 써서 계명전(啓明殿)에 가서 태조에게 고하고 제비를 뽑았더니 정창군의 이름이 뽑혔다는 것이다. 고려 역사상 처음으로 제비뽑기를 통해서 국왕이 결정되는 순간이었다.

신종은 인종의 아들로, 무인정변으로 왕위에서 쫓겨난 의종과 명종이 모두 그의 형이었다. 신종의 뒤를 이어 그의 아들 희종이 잠시 왕위에 올랐으나 최씨 무신정권에 의해 폐위되고, 다시 왕위는 명종의 아들 강종, 그리고 그의 아들인 고종으로 이어졌으며, 그 뒤로도 모두 고종의 후손들이 왕위에 올랐다. 따라서 신종의 후손들은 종실 가운데서도 멀찍이 떨어진 방계였다. 그런데도 그가 종실 가운데 가장 가까운 인물이었다고 언급된 것을 보면, 공민왕으로부터 이어지는 혈족과 가까운 계보의 종실에 인물이 없었음을 알 수 있다. 신종의 후손이 왕위를 이은 것은 거의 200년 만의 일이었다.

끝없는 숙청의 나날, 정적 제거의 실패

공양왕이 왕위에 머물렀던 약 32개월의 고려의 마지막 순간은, 저물어가는 왕조를 지키려던 수많은 사람이 사라지는 시간이었다. 이 기간 동안 이성계와 그 일파는 조선 건국에 걸림돌이 될 만한 인물이라면 어떠한 수단을 통해서든 정계에서 제거했다.

위화도회군을 함께 성사시키며 우왕을 몰아내는 데 합력했던 조민수는 1389년(창왕 원)에 전제개혁인 과전법(科田法) 실시에 반대하다가 탄핵을 받고 정계에서 사라졌다. 창왕의 재위 기간 정권의 한 축을 담당했던 우왕의 장인인 이림을 비롯한 창왕의 외척세력과 변안열(邊安烈) 등 일부 무인들 역시 공양왕 즉위와 함께 제거되었다. 공양왕 즉위와 함께 시중으로 정계에 복귀한 이색 역시 그해를 넘기지 못하고 탄핵을 받아 물러났다.

1390년(공양왕 2)에도 숙청의 칼바람은 계속되었다. 창왕 폐위의 빌미가 되었던 김저의 옥사에 연루된 인물들에 대한 살육이 감행되었다. 간관을 맡았던 윤소종(尹紹宗)과 오사충(吳思忠) 등이 반대파를 집요하게 공격했다. 이미 숙청되었던 변안열은 끝내 죽임을 당했고, 조민수 역시 고문 끝에 죄를 인정했으며, 이색도 모진 고문을 받아야 했다.

공양왕이 자신의 편으로 세우고자 재상에 임명했던 우현보(禹玄寶), 홍영통(洪永通) 등도 그해 5월에 일어난 윤이(尹彝)·이초(李初)의 옥사에 연루되어 모두 유배되었다. 나아가 이성계와 긴밀한 협력 관계에 있던 심덕부마저 군권을 빼앗기고 제거되었다.

치열한 정쟁 속에서 공양왕은 정몽주와 함께 반격을 시도했다. 반대파에 대한 공격을 주도하던 윤소종을 유배 보내고, 1391년(공양왕 3) 9월에는 정도전마저 축출하기도 했다. 그리고 이색, 이숭인 등이 소환되어 고위직에 임명되기도 했다. 이러한 반대파의 중심에는 정몽주가 자리하고 있었다. 고려의 마지막 해인 1392년(공양왕 4) 3월에는 이성계가 해주(海州)에서 사냥하다가 말에서 떨어져 위독하다는 것을 계기로 4월에 조준·정도전을 먼 지방으로 유배 보내고, 남은(南誾)·윤소종·남재(南在)·조박(趙璞) 등의 관직을 삭탈해 역시 먼 지방으로 유배 보냈다.

최후의 반격이 성공시키는 듯 했다. 그러나 결국 이방원(李芳遠)이 정몽주를 암살함으로써 고려왕조를 지켜내려던 마지

막 사람마저도 사라지게 되었고, 이로써 고려의 운명도 다하
게 되었다.

원치 않았던 왕위, 뜻대로 할 수 없는 자리

공양왕은 애초에 왕위에 오르고 싶은 마음이 없었다. 자신
이 허수아비와 같은 존재이며, 언제든 쫓겨날 수 있다는 사실
을 잘 알고 있었기 때문이었다. 공양왕은 왕위에 추대되자 "나
는 평생 의식과 노비가 모두 풍족했거늘, 이제 와서 짐이 이렇
게 무거우니 어찌해야 할지 모르겠다"라고 했다.

이런 그에게 사돈인 강시(姜蓍)는 "여러 장수와 재상이 전
하를 옹립한 것은 다만 자기의 화를 면하기를 도모한 것이지
왕씨(王氏)를 위한 것이 아닙니다. 전하께서는 삼가고 믿지 마
시어 스스로 보전할 방도를 생각하십시오"라고 충고했다.

그의 바람은 결국 실현되지 못했고, 공양왕은 재위 32개
월 만에 왕위에서 물러나게 되었다. 그를 폐위한다는 왕대비
의 명을 받은 공양왕은 "내가 본디 임금이 되고 싶지 않았는
데 여러 신하가 나를 강제로 왕으로 세웠습니다. 내가 성품이
불민(不敏)하여 사기(事機)를 알지 못하니 어찌 신하의 심정을
거스른 일이 없겠습니까"라고 하며 원주로 물러났다. 얼마 후
에는 공양군에 봉해지고 간성으로 옮겨졌다.

그러나 고려왕조의 마지막 왕의 삶은 지속되지 못했다. 1394년(태조 3) 발생한 왕씨 모반사건으로, 공양왕의 세 부자는 간성에서 다시 삼척으로 옮겨지게 되었다. 그로부터 한 달 만에 태조는 왕씨 일족을 제거하라는 신료들의 청을 수락하는 형식으로 공양왕과 그의 두 아들을 처형하기 위해 사신을 파견하여 사형을 집행했다.

『고려사』의 찬자는 그의 성품을 묘사하여 "인자하고 부드러웠으나 행동은 우유부단했다"라고 말했다. 그러나 공양왕은 고려의 마지막을 장식한 망국의 군주가 되었지만, 그저 무능한 군주는 아니었다. 정몽주와 함께 이성계에게 맞서다 결국 자신의 나라와 목숨을 잃게 되었지만, 적어도 이성계가 내린 존호인 '공양왕'이라는 이름에 걸맞은 군주는 아니었다. 그러나 '역성혁명(易姓革命)'이라는 명분의 평화적 왕조 교체를 설계한 이성계 세력에 의해 강제로 세워지고 폐위된 국왕이라는 한계가 있다.

프랑스엔 〈크세주〉, 일본엔 〈이와나미 문고〉,
한국에는 〈살림지식총서〉가 있습니다.

📖 전자책 | 🔍 큰글자 | 🔊 오디오북

고려왕조실록 2 의종~공양왕 편

펴낸날	초판 1쇄 2024년 11월 1일

지은이	홍영의
펴낸이	심만수
펴낸곳	(주)살림출판사
출판등록	1989년 11월 1일 제9-210호

주소	경기도 파주시 광인사길 30
전화	031-955-1350 팩스 031-624-1356
홈페이지	http://www.sallimbooks.com
이메일	book@sallimbooks.com

ISBN	978-89-522-4951-7 04080
	978-89-522-0096-9 04080 (세트)

※ 값은 뒤표지에 있습니다.
※ 잘못 만들어진 책은 구입하신 서점에서 바꾸어 드립니다.

함께 읽으면 좋은 책

역사·문명

085 책과 세계

강유원(철학자)

책이라는 텍스트는 본래 세계라는 맥락에서 생겨났다. 인류가 남긴 고전의 중요성은 바로 우리가 가 볼 수 없는 세계를 글자라는 매개를 통해서 우리에게 생생하게 전해 주는 것이다. 이 책은 역사라는 시간과 지상이라고 하는 공간 속에 나타났던 텍스트를 통해 고전에 담겨진 사회와 사상을 드러내려 한다.

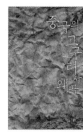

056 중국의 고구려사 왜곡　eBook

최광식(고려대 한국사학과 교수)

중국의 고구려사 왜곡의 숨은 의도와 논리, 그리고 우리의 대응 방안을 다뤘다. 저자는 동북공정이 국가 차원에서 진행되는 정치적 프로젝트임을 치밀하게 증언한다. 경제적 목적과 영토 확장의 이해관계 등이 복잡하게 얽혀 있는 동북공정의 진정한 배경에 대한 설명, 고구려의 역사적 정체성에 대한 문제, 고구려사 왜곡에 대한 우리의 대처방법 등이 소개된다.

291 프랑스 혁명　eBook

서정복(충남대 사학과 교수)

프랑스 혁명은 시민혁명의 모델이자 근대 시민국가 탄생의 상징이지만, 그 실상을 아는 사람은 많지 않다. 프랑스 혁명이 바스티유 습격 이전에 이미 시작되었으며, 자유와 평등 그리고 공화정의 꽃을 피기 위해 너무 많은 피를 흘렸고, 혁명의 과정에서 해방과 공포가 엇갈리고 있었다는 등의 이야기를 통해 프랑스 혁명의 실상을 소개한다.

139 신용하 교수의 독도 이야기　eBook

신용하(백범학술원 원장)

사학계의 원로이자 독도 관련 연구의 대가인 신용하 교수가 일본의 독도 영토 편입문제를 걱정하며 일반 독자가 읽기 쉽게 쓴 책. 저자는 역사적으로나 국제법상으로 실효적 점유상으로나, 어느 측면에서 보아도 독도는 명백하게 우리 땅이라고 주장하며 여러 가지 역사적인 자료를 제시한다.

144 페르시아 문화

eBook

신규섭(한국외대 연구교수)

인류 최초 문명의 뿌리에서 뻗어 나와 아랍을 넘어 중국, 인도와 파키스탄, 심지어 그리스에까지 흔적을 남긴 페르시아 문화에 대한 개론서. 이 책은 오랫동안 베일에 가려 있던 페르시아 문명을 소개하여 이슬람에 대한 편견과 오해를 바로 잡는다. 이태백이 이 란계였다는 사실, 돈황과 서역, 이란의 현대 문화 등이 서술된다.

086 유럽왕실의 탄생

김현수(단국대 역사학과 교수)

인류에게 '예술과 문명' 그리고 '근대와 국가'라는 개념을 선사한 유럽왕실. 유럽왕실의 탄생배경과 그 정체성은 무엇인가? 이 책은 게르만의 한 종족인 프랑크족과 메로빙거 왕조, 프랑스의 카페 왕조, 독일의 작센 왕조, 잉글랜드의 웨섹스 왕조 등 수많은 왕조의 출현과 쇠퇴를 통해 유럽 역사의 변천을 소개한다.

016 이슬람 문화

이희수(한양대 문화인류학과 교수)

이슬람교와 무슬림의 삶, 테러와 팔레스타인 문제 등 이슬람 문화 전반을 다룬 책. 저자는 그들의 멋과 가치관을 흥미롭게 설명하면서 한편으로 오해와 편견에 사로잡혀 있던 시각의 일대 전환을 요구한다. 이슬람교와 기독교의 관계, 무슬림의 삶과 낭만, 이슬람 원리주의와 지하드의 실상, 팔레스타인 분할 과정 등의 내용이 소개된다.

100 여행 이야기

eBook

이진홍(한국외대 강사)

이 책은 여행의 본질 위를 '길거리의 철학자'처럼 편안하게 소요한다. 먼저 여행의 역사를 더듬어 봄으로써 여행이 어떻게 인류 역사의 형성과 같이해 왔는지를 생각하고, 다음으로 여행의 사회학적·심리학적 의미를 추적함으로써 여행에 어떤 의미를 부여할 것인가에 대해 말한다. 또한 우리의 내면과 여행의 관계 정의를 시도한다.

293 문화대혁명 중국 현대사의 트라우마 eBook

백승욱(중앙대 사회학과 교수)

중국의 문화대혁명은 한두 줄의 정부 공식 입장을 통해 정리될 수 없는 중대한 사건이다. 20세기 중국의 모든 모순은 사실 문화대혁명 시기에 집약되어 있다고 해도 과언이 아니다. 사회주의 시기의 국가 · 당 · 대중의 모순이라는 문제의 복판에서 문화대혁명을 다시 읽을 필요가 있는 지금, 이 책은 문화대혁명에 대한 안내자가 될 것이다.

174 정치의 원형을 찾아서 eBook

최자영(부산외국어대학교 HK교수)

인류가 걸어온 모든 정치체제들을 매우 짧은 기간 동안 시험하고 정비한 나라, 그리스. 이 책은 과두정, 민주정, 참주정 등 고대 그리스의 정치사를 추적하고, 정치가들의 파란만장한 일화 등을 소개하고 있다. 특히 이 책의 저자는 아테네인들이 추구했던 정치방법이 오늘 우리 사회가 당면한 문제를 해결할 수 있는 지혜의 발견에 도움을 줄 수 있을 것이라고 말한다.

420 위대한 도서관 건축순례 eBook

최정태(부산대학교 명예교수)

이 책은 도서관의 건축을 중심으로 다룬 일종의 기행문이다. 고대 도서관에서부터 21세기에 완공된 최첨단 도서관까지, 필자는 가능한 많은 도서관을 직접 찾아보려고 애썼다. 미처 방문하지 못한 도서관에 대해서는 문헌과 그림 등 가능한 많은 정보를 수집하려 노력했다. 필자의 단상들을 함께 읽는 동안 우리 사회에서 도서관이 차지하는 의미에 대해 다시 생각하게 된다.

421 아름다운 도서관 오디세이 eBook

최정태(부산대학교 명예교수)

이 책은 문헌정보학과에서 자료 조직을 공부하고 평생을 도서관에 몸담았던 한 도서관 애찬가의 고백이다. 필자는 퇴임 후 지금까지 도서관을 돌아다니면서 직접 보고 배운 것이 40여 년 동안 강단과 현장에서 보고 얻은 이야기보다 훨씬 많았다고 말한다. '세계 도서관 여행 가이드'라 불러도 손색없을 만큼 풍부하고 다채로운 내용이 이 한 권에 담겼다.

eBook 표시가 되어있는 도서는 전자책으로 구매가 가능합니다.

(주)살림출판사
www.sallimbooks.com
주소 경기도 파주시 문발동 522-1 | 전화 031-955-1350 | 팩스 031-955-1355